Karl Ploberger
Karoline Ploberger

GARTENLUST UND KÜCHENZAUBER

Praktisch garteln, saisonal ernten, einfach zubereiten

avBUCH

Inhalt

Vom Garteln und Kochen

Blühende Blumenbeete, duftende Gartenoasen – das ist es, wovon viele träumen. Doch eines zeigt sich: Der Genuss bekommt eine immer größere Bedeutung. Kräuter, Salate, Paradeiser (Tomaten), Gurken und die ganze Vielfalt an Beeren sind seit einigen Jahren das Nonplusultra der Gärtnerinnen und Gärtner. Bei mir hat es mit genau diesem Garteln begonnen. Damals, in meiner Kindheit, hatte ich gemeinsam mit unserer Köchin angefangen, den Gemüsegarten im Elternhaus zu bewirtschaften. Alles probierte ich aus und beobachtete danach ganz genau, was mit dem Gemüse gemacht wurde. Weil die Ernten oft sehr ergiebig waren, begann ich einzukochen – Tomatenmark in Gläsern, Senfgurken und sogar das berühmte Weichselkompott der „Pipi-Oma" probierte ich aus.

Als ich endlich meinen eigenen Garten hatte, übernahm das Ernten und Verarbeiten meine Frau. Und sie war es auch, die unserer Tochter Lust aufs Kochen machte. Als Studentin wurde sie nun zur Selbstversorgerin – freilich in ganz abgewandelter Form: Gekocht wird heute schneller und vor allem leichter – also immer mit einem Blick auf die Kalorien und die Zeit, die dafür aufgewendet werden muss.

Und es wird saisonal und regional gekocht – keine Kirschen zu Weihnachten und keine Mandarinen im Hochsommer! Auch das hat sich unsere Tochter von der Mutter abgeschaut.

Über die Jahre sind so unter intensiver Anleitung meiner Frau zahlreiche Rezepte gesammelt worden. Kombiniert mit den Tipps vom Biogärtner ist daraus das Buch *Gartenlust und Küchenzauber* entstanden.

Haben Sie viel Spaß beim Garteln und beim Nachkochen!

Karl Ploberger

Foto © Wildbild/Freund

Spaß am Kochen

Eine Pizza aus dem Tiefkühlregal oder Pasta mit Fertig-Pesto aus dem Supermarkt – schnell soll es gehen, wenn man Studentin ist. Aber schmecken sollte es auch. Und gesund ist eben anders.

Ich denke oft zurück an meine Kindheit, da habe ich immer miterlebt, dass das Kochen und das Essen eine gemeinsame Sache innerhalb der Familie war: Der Vater baut das Gemüse an, die Mutter erntet und kocht und gegessen wird dann gemeinsam. Dann und wann habe ich dabei mitgeholfen, aber eine so richtig fanatische Köchin bin ich nicht geworden.

So kam die Stunde der Wahrheit, als ich mit dem Studium begann und für mich selbst sorgen musste. An Pizza und Pasta hatte ich mich bald satt gegessen und so begann ich mit Freundinnen zu experimentieren. Unter „Fern"-Anleitung meiner Mutter via IPad!

Nach und nach kam dabei immer mehr Lust am Kochen auf. Schnell bemerkte ich, wie toll es ist, frische Zutaten zu verwenden. So wird immer häufiger der Familien-Gemüsegarten „geplündert", ehe es wieder zurück ins Studentenquartier geht. Die neuesten „flotten" Rezepte aus der Sammlung meiner Mutter waren mit dabei ...

Gibt es nichts mehr zum Mitnehmen aus dem eigenen Garten, dann gehe ich auf den Markt und suche – so weit es geht – nach saisonalen Produkten. Tipps kommen nach wie vor „digital".

Dieses Kochbuch beinhaltet fast durchwegs Rezepte aus Gemüse und Obst der jeweiligen Jahreszeit, mit weiteren Zutaten, die meist zu Hause vorhanden sind.

Gärtnerin bin ich noch keine, aber die zusätzlichen Gartentipps meines Vaters in diesem Buch lassen allmählich auch bei mir Interesse aufkommen. Vorerst aber gilt das Hauptaugenmerk den Kochtipps meiner Mutter, die für mich das große Kochvorbild ist. Ihre Ratschläge machen diese Rezeptsammlung komplett.

Ich wünsche Ihnen viel Freude beim Kochen und Genießen!

Karoline Ploberger

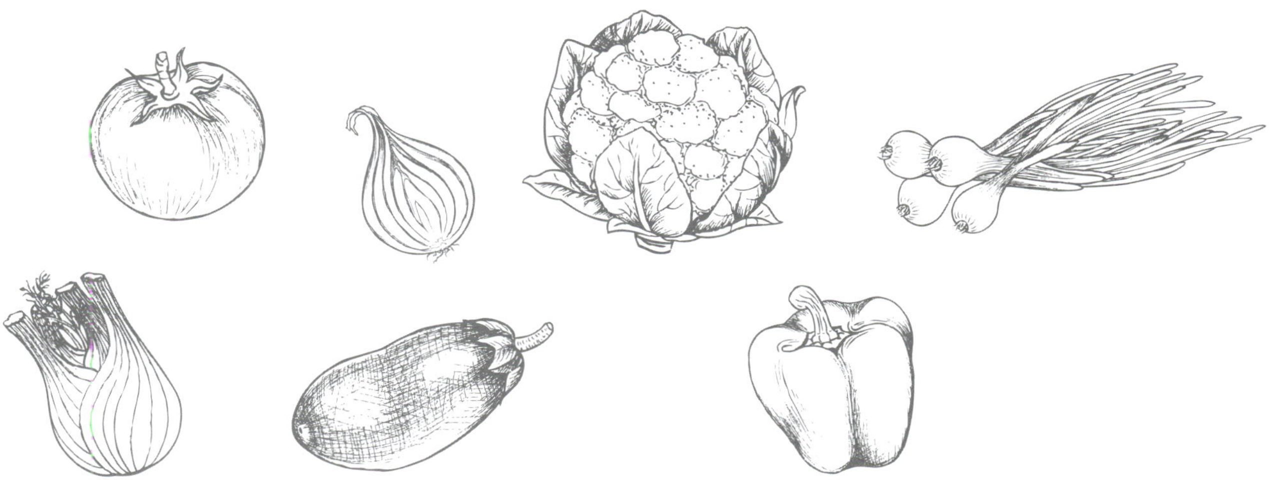

Garteln im Takt der Natur

Frühlingsbeginn und es liegt Schnee vor der Tür! Sommerstart mit Dauerregen! Herbstbeginn und wir gehen wieder schwimmen, und der Winter beginnt mit einer Föhnströmung!

Dem Kalender ein Schnippchen schlagen

Übers Wetter lässt sich immer tratschen. „Es spielt verrückt", heißt es da dann oft und die alten Bauernregeln werden hervorgeholt, um eine perfekte Vorhersage zu erstellen. Doch die viel bessere Lösung ist das Beobachten. Das machen Naturkundler schon seit Jahrhunderten und haben den sogenannten phänologischen Kalender erstellt. Er stimmt immer, denn er richtet sich nicht nach den Kalendertagen, sondern nach sogenannten Zeigerpflanzen, die eine phänologische Jahreszeit einläuten.

Vorfrühling

Die Haselnuss beginnt zu blühen, der Winterjasmin steht in Vollblüte und die Zeigerpflanze, das Schneeglöckchen, öffnet die Blüten. Im traditionellen Kalender liegt der Vorfrühling je nach Region zwischen Ende Februar und Ende März. Gepflückt wird jetzt der erste frische Bärlauch. Brennnesseln für den Salat werden geerntet, genau wie die ersten Blüten von Veilchen und Gänseblümchen. Die Fensterbank ist nun das Gartenbeet – die Zeit des Vorziehens von Chili, Paradeiser & Co. beginnt.

Foto © shutterstock.com/Kuzmenko Victoria photografer

Erstfrühling

War im Vorfrühling nur ein Hauch von Neuanfang zu spüren, so erwacht im Erstfrühling die Natur. Tagtäglich gibt es eine neue blühende Überraschung im Garten. Die Blüte der Forsythie leitet diese Jahreszeit ein, die dem Kalender nach Mitte März beginnt und bis in den April dauert. Das Sommergetreide geht auf, Wiesen werden wieder grün. Schnittlauch und Brunnenkresse bringen die ersten Vitamine auf den Teller. Im Frühbeet gezogene Radieschen werden, oft noch winzig klein, für einen Smoothie geerntet, und der im Herbst gesäte Feldsalat und Spinat können bereits geerntet werden. Im Gemüsegarten werden die Beete hergerichtet. Vlies schützt die jungen Aussaaten.

Foto © shutterstock.com/AMitrokhina

Blüht das Schneeglöckchen, dann beginnt der Vorfrühling. Gärtner wissen, dass nun die Aussaat beginnt. Und in der Küche wird der Ruf nach dem ersten Bärlauch laut. Dieses Kochbuch ist das erste, das Rezepte nach dem phänologischen Kalender ordnet. Dadurch können die Arbeiten im Garten, das Ernten und Verarbeiten noch naturnaher gestaltet werden und das Garten-Kochbuch wird zum Begleiter durch das ganze (Natur-) Gartenjahr. Das Motto lautet: Eben noch im Garten und schon im Kochtopf. Und für den Kalender gilt: Aus vier mach zehn – die Jahreszeiten der Natur.

Vollfrühling

Ein Fest der Blüten beginnt: Mit dem Aufblühen der Apfelbäume beginnt der Vollfrühling, jetzt treiben auch die frisch gepflanzten Erdäpfel (Kartoffeln) aus. Die Zeit der Nachtfröste ist nun (hoffentlich) vorbei, und auch empfindliche Pflanzen kommen ins Freie. Mediterrane Kräuter, wie Rosmarin und Salbei, beginnen bereits zu wachsen und erste Blätter können geerntet werden. Wer zeitig im Frühbeet frischen Salat gesetzt hat, der wird die ersten Blätter verwerten können, und kleine Kohlrabi landen ebenfalls schon in der Küche. Gesät und gepflanzt wird nun alles – Erbsen, Fisolen (Bohnen) und auch die wärmebedürftigen Gemüse wie Gurken, Kürbisse und Zucchini.

Frühsommer

Der Holunder blüht, es ist Juni und der Frühsommer zieht ins Land. Auf den Wiesen blühen die Gräser, Weißdorn, Wald-Geißbart und Türkischer Mohn erfreuen uns mit einem herrlichen Blütenmeer. Jetzt werden die Blumenwiesen gemäht und es duftet nach Heu. Im Küchengarten beginnt bereits die Erntezeit. Salate gibt's in Hülle und Fülle. Kräuter machen Lust aufs Würzen und die ersten Erdbeeren lugen bereits unter den zartgrünen Blättern hervor.

Hochsommer

Wenn in den Freibädern die Hochsaison beginnt, dann zieht der Duft der Sommerlinde übers Land. Sie ist die Zeigerpflanze für diese Jahreszeit. Wegwarte und Kartoffel warten mit attraktiven Blüten auf, in den Gärten reifen die Ribisel, also die Johannisbeeren. Die Getreideernte beginnt, im Garten ist nun die Zeit des Erholens, Genießens und Erntens: Beeren, erste Paradeiser und Gurken, Kohlrabi und die ganze Fülle an Salaten füllen die Körbe.

Spätsommer

Die Vorfreude auf die ersten frischen Äpfel ist jedes Jahr groß. Und dennoch ist sie mit ein wenig Wehmut begleitet, denn der Spätsommer kommt schneller als gewollt. Reifen die Kläräpfel, ist der Beginn dieser Jahreszeit beim Garteln im Takt der Natur. Reif werden jetzt auch Felsenbirne und Vogelbeere. Zeitgleich beginnt die Blüte des Heidekrauts und der Herbst-Anemone. Im Gemüsegarten wird noch immer gepflanzt. Salate werden nachgebaut, Fisolen regelmäßig geerntet, und wenn die Witterung passt, dann gibt es Berge von Paradeiser, Gurken und Zucchini.

Frühherbst

Eine giftige Pflanze steht am Beginn dieser Jahreszeit: Blüht die Herbstzeitlose, ist der Frühherbst da. Gleichzeitig beginnt auch der Holunder reif zu werden und die Haselnuss wird geerntet. Ende August beginnt die Haupterntesaison. Auf dem Komposthaufen sind die Kürbisse mächtig gewachsen. Sie schließen mit den ersten kühlen Nächten das Wachstum ab.

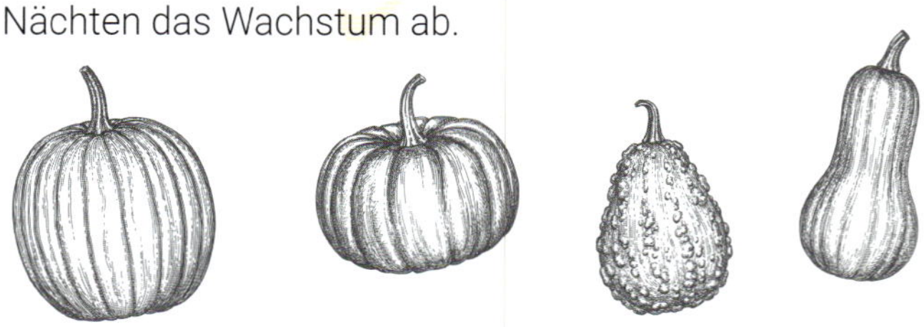

Vollherbst

Obst, so weit das Auge reicht. Wer Apfel-, Birn- und Zwetschkenbäume im Garten hat, der wird nun ernten können. Im September hält auch schon der Vollherbst Einzug – die Zeigerpflanze dafür ist die Rosskastanie. Die reifen Früchte zeigen beim Gärtnern im Takt der Natur diese Jahreszeit an. Kalendermäßig dauert sie von Mitte September bis Mitte Oktober. Damit fällt in diese Zeit auch die Laubfärbung.

Winter

Nun haben alle Bäume ihr Laub verloren, außer ein starker Frost hat sie an den Ästen festfrieren lassen, wie das bei Apfelbäumen oft passiert und dann erst im Frühjahr der Laubfall stattfindet. Nun herrscht weitgehend Vegetationsruhe. Der phänologische Winter dauert ungefähr von Ende November/Anfang Dezember bis Mitte/Ende Februar.

Foto © shutterstock.com/lapandr

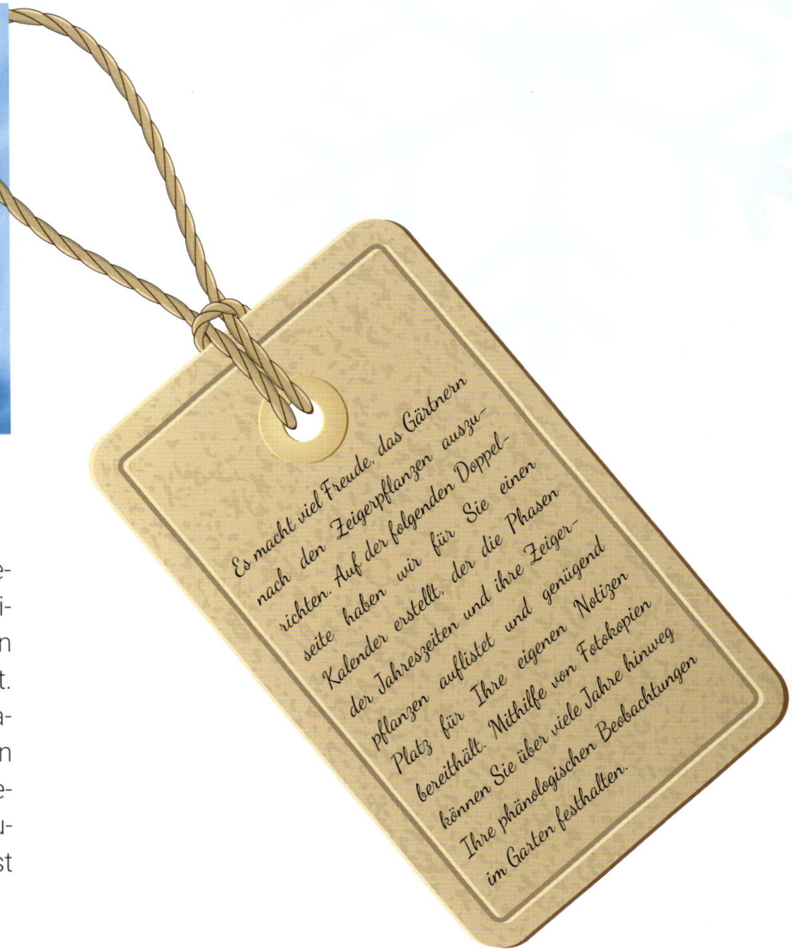

Spätherbst

Die vorletzte Jahreszeit im phänologischen Kalender beginnt mit dem Laubfall bei der Rosskastanie und der intensiven Nadelfärbung bei der Lärche. Die Temperaturen gehen nun rasch zurück, die ersten Fröste werden verzeichnet. Jetzt beginnt die Zeit der Wurzelgemüse und des Kohls. Karotten, Pastinaken und Sellerie lagern nun die Vorräte in den Knollen und Rüben ein. Der Kohl wird mit jedem Tag bekömmlicher, weil bei der kühlen Witterung die Stärke in Zucker umgewandelt wird. Mitte November geht der Spätherbst endgültig in die Ruhezeit der Natur über – den Winter.

GARTEN WISSEN

Den Grundstein für phänologische Beobachtungsnetze, also Stationen, an denen regelmäßig Beobachtungen nach denselben Richtlinien gemacht werden, legte der bekannte Wissenschaftler und Botaniker Carl von Linné (1707–1778). In Schweden errichtete er ein Netz von 18 Stationen, das allerdings nur von 1752–1755 bestand. In Österreich war es der Wiener Meteorologe Karl Fritsch (1812–1879), der die Phänologie vorantrieb. Er erließ im April 1853 eine „Instruction für Vegetationsbeobachtungen" für meteorologische Stationen. In Deutschland gehört das Aufgabengebiet der Phänologie seit 1934 zum Wetterdienst, heute informieren etwa 1200 ehrenamtliche Mitarbeiter im ganzen Land über die verschiedenen Phasen der Zeigerpflanzen.

Gärtnern nach den Jahr

	Zeigerpflanzen	Beispiele für jetzt durchzuführende Gartenarbeiten	Eigene Beobachtungen
Vorfrühling	Beginn der Blüte von Hasel, Schneeglöckchen, Kornelkirsche, Huflattich; Beginn des Austriebs der Stachelbeere	Gladiolen, Knollenbegonien, Dahlien vortreiben; Pflanzzeit für Obstbäume und Beerensträucher	
Erstfrühling	Beginn der Blüte von Forsythie, Busch-Windröschen, Löwenzahn; Beginn des Austriebs bei Apfel, Beginn der Blüte bei Johannisbeere	Saatzeit für Spinat, Mangold, Rote Beete, Zwiebeln, Erbsen; Radieschen, Rettich, Salat zweiwöchentlich in kleinen Sätzen aussäen	
Vollfrühling	Beginn der Blüte bei frühreifendem Apfel, Rosskastanie, Flieder; Ende der Blüte bei Birne, Sauerkirsche	Im Gemüsebeet kann als Zwischensaat Kresse, Radieschen oder Spinat ausgesät werden; Rasen aussäen und Ausbesserungsarbeiten am Rasen vornehmen	
Frühsommer	Beginn der Blüte von Schwarzem Holunder, Hunds-Rose, Robinie, Wiesen-Knäuelgras	Bodenbearbeitung, organische Düngung und Mulchen sind jetzt wichtig für eine gute Ernte; späte Möhren, Fisolen, Salate ernten, Paprika, Paradeiser, Melanzani (Aubergine) pflanzen	
Hochsommer	Beginn der Blüte von Sommer-Linde, Beginn der Pflückreife von Roter Johannisbeere, Stachelbeere, Süßkirsche, Sauerkirsche	Sommerblumen regelmäßig ausputzen; Topf- und Kübelpflanzen brauchen jetzt viel Wasser; leere Beete mit Gründüngung wie Phacelia aussäen; Blattgemüse am Abend, Knollen am Morgen ernten	

eszeiten

	Zeigerpflanzen	Beispiele für jetzt durchzuführende Gartenarbeiten	Eigene Beobachtungen
Spätsommer	Beginn der Pflückreife bei Weißem Klarapfel und Felsenbirne; Beginn der Blüte bei Heidekraut	Rhododendron durch Ableger vermehren; beim Sommerobst ist der beste Erntezeitpunkt gekommen, wenn die ersten, meist von der Obstmade befallenen Früchte vom Baum fallen	
Frühherbst	Erste reife Früchte von Schwarzem Holunder, Kornelkirsche, Hunds-Rose, Herbstzeitlose; Beginn der Pflückreife bei frühreifender Birne	Wassertriebe von Obstbäumen jetzt aussäen; Kompost auf abgeräumte Beete bringen und einarbeiten; Rhabarber, Zuckerhut, Endivien pflanzen; Winterlauch anhäufeln	
Vollherbst	Erste reife Früchte bei Rosskastanie, Stiel-Eiche; herbstliche Blattverfärbung bei Hänge-Birke, Rotbuche, Süßkirsche	Zitrusgewächse und andere empfindliche Kübelpflanzen einräumen und regelmäßig auf Schädlingsbefall kontrollieren; Dahlien, Canna, Knollenbegonien ausgraben und trocken in Sand oder Sägespänen lagern	
Spätherbst	Herbstlicher Blattfall bei Eberesche, Rosskastanie, Hänge-Birke, frühreifendem Apfel; herbstliche Blattverfärbung bei Stiel-Eiche	Laub vom Rasen wegrechen und als Mulch für Beete verwenden; Beete für den Winter vorbereiten: schwere Böden umgraben, sonst lockern und mulchen; Chicoréewurzeln ausgraben und zum Treiben einlagern	
Winterruhe	Herbstlicher Blattfall bei Stiel-Eiche, spätreifendem Apfel; herbstlicher Nadelfall bei Europäischer Lärche	Obst- und Ziergehölze bei offenem Wetter schneiden; Äste von Gehölzen bei schwerer Schneelast abschütteln, damit sie nicht brechen	

Der Vorfrühling

Selbst gemachte Nudeln Bärlauchschnecken
Gemüse im Backteig Schüttelpizza **Cantuccini**

Garteln im Vorfrühling

Bei uns im Garten breiten sich nun Teppiche von Schneeglöckchen und Winterlingen aus. Diese weiß-gelben Blüten schieben sich oft durch den letzten Schnee. Knospen schwellen, die ersten Sonnenstrahlen wärmen nicht nur unsere Herzen, sondern auch die Natur, die nun allmählich aus dem Winterschlaf erwacht. Neben den Schneeglöckchen ist auch die Blüte der Haselnuss die Leitphase für den Vorfrühling.

Jetzt heißt es, erste Vorbereitungen zu treffen, damit das neue Gartenjahr ein Erfolg wird. Freilich: nichts übereilen, denn noch kann es zu gefährlichen Wetterrückschlägen mit kräftigem Frost kommen. Vorsichtiges Aufräumen und Abschneiden kann aber beginnen. Im Frühbeet wird der Salat gesetzt und in der Natur sammeln wir die ersten Bärlauchspitzen. Frische Vitamine für einen schwungvollen Start.

Tipps für Aussaat und Pflege

Zuerst kein Winter und dann der Rückschlag mit Schnee, wenn wir alle hinaus und Garten und Balkon auf Frühjahr trimmen wollen. Der Ausweg für die Durststrecke ist die Fensterbank. Besonders beliebt sind da Gemüse, Kräuter und viele Sommerblumen: Kein Frühjahr ohne die Pflanzen auf der Fensterbank! Sie wird in den nächsten Wochen wieder zur Kinderstube für all das, was uns im heurigen Sommer den Alltag würzt, versüßt, verfeinert. Damit das gelingt, heißt es Grundlagen zu beachten:

- Die richtige Aussaaterde kauft man entweder im Fachhandel oder stellt sie selbst her. Folgende Erdmischung hat sich am besten bewährt: Zu gleichen Teilen werden Maulwurferde (im Frühjahr bei einem Sonntagsausflug leicht zu sammeln), Anzuchterde aus der Packung und Quarzsand miteinander gemischt. In die Aussaatschalen oder -töpfe gibt man am Boden eine Schicht Sand, und die Abzugslöcher werden mit einer Tonscherbe abgedeckt, damit sie nicht durch Erde verstopft werden können.

- Der hellste Platz auf der Fensterbank ist der beste. Damit die Erde nicht zu kalt wird, stellt man Dämmplatten oder Joghurtbecher als „Säulen" unter. Decken Sie die Schalen mit Glasplatten ab, um die Luftfeuchtigkeit zu erhöhen. Das fördert nämlich die Keimung. Oder man verwendet gleich kleine Zimmergewächshäuser, die es sogar mit preiswerter und energiesparender Bodenheizung gibt.

GARTEN WISSEN

So richtig lästig werden sie ja erst wieder im Mai, doch schon jetzt werden Schnecken aktiv. Kaum ist der Schnee weg und es „duftet nach Frühling", sollten Sie vorsorgen, denn dann gibt es das ganze Jahr über viel weniger Probleme. Die seit einigen Jahren im Handel erhältlichen umweltfreundlichen Schneckenmittel auf Eisen-III-Phosphat-Basis werden breitwürfig im Garten ausgestreut: beim Komposthaufen, in der Blumenwiese, in den Staudenbeeten und an den versteckten Ecken hinter dem Frühbeet, denn dort verstecken sie sich, die Schnecken. Das („Eisen"-)Schneckenkorn ist für andere Lebewesen wie Regenwürmer, Igel, Kröten, Ringelnattern und so weiter unproblematisch.

- Verwenden Sie nie zu viel Saatgut und beachten Sie, dass manche Samen, wie Basilikum, Lichtkeimer sind. Würde man sie mit Erde bedecken, keimten höchstens 50 Prozent der Samen. Nach dem Säen angießen und ab nun täglich die Schalen lüften und dosiert gießen, falls nötig.

- Damit Pilzkrankheiten sich nicht ausbreiten, gießt man am besten mit Schachtelhalmtee, der Krankheiten wie Grauschimmel verhindern kann. Geben Sie außerdem dem Gießwasser EM – Effektive Mikroorganismen – zu. Sie unterstützen das Wurzelwachstum enorm. (Bezugsquellen siehe Anhang)

- Es muss rechtzeitig pikiert, also auseinandergesetzt werden, wenn das Saatgut nicht gleich in kleine Töpfe (Quelltöpfe) gesät wurde. Ansonsten müssen nach zwei bei drei Wochen die Pflanzen in größere Töpfe gepflanzt werden. Als Pikierwerkzeug ist ein spitzer Bleistift ideal. Damit Wurzeln lockern und in den neuen Topf setzen, Erde nur leicht andrücken.

- An sonnigen Tagen sollten Sie die Pflanzen abhärten, das heißt immer wieder ins Freie stellen, zunächst mit dünnem Vlies abgedeckt, damit die zarten Keime nicht verbrennen, später in die volle Sonne. Dadurch wachsen die Pflanzen kompakt.

Schachtelhalmtee kann man sehr gut selbst herstellen. Dazu werden 30 Gramm getrockneter Schachtelhalm mit 1 Liter Wasser übergossen. Lassen Sie das Ganze 24 Stunden ziehen, dann eine Dreiviertelstunde köcheln, abkühlen. Zum Gießen wird der Tee 1 : 5 mit Wasser verdünnt.

Foto © Wildbild/Freund

Zu ernten gibt es im Vorfrühling noch nicht allzu viel. Neben den schon erwähnten Bärlauchspitzen und dem ersten Spinat aus dem Gewächshaus oder Frühbeet sind es vor allem Wildkräuter, die auf dem Speisezettel der Natur stehen, z. B. Löwenzahnblätter und Gänseblümchenblüten.

Foto © Wildbild/Freund

Selbst gemachte Nudeln

Küchengeräte als Geschenke unter dem Christbaum sind ja eigentlich nicht sehr kreativ. Doch für das Zuschneiden von selbst gemachten Nudeln gibt es ein sehr praktisches Gerät: eine Nudelmaschine. Und die befand sich im vergangenen Jahr unter meinen Weihnachtsgeschenken. Seit diesem Zeitpunkt mache ich die Nudeln großteils selber..

Zutaten

- 200 g Mehl
- 200 g Hartweizengrieß
- 1 Ei
- 3 Dotter
- 1 TL Salz
- 3 TL Olivenöl
- Etwas Wasser

Zubereitung

Das Mehl, Hartweizengrieß, Ei und Dotter, Salz, Öl und Wasser zu einem elastischen Teig verkneten. Der Teig sollte nicht kleben. Die Teigkugel in eine Frischhaltefolie einwickeln und etwa eine Stunde rasten lassen.

Anschließend den Teig bis zur gewünschten Dicke ausrollen, in dünne Streifen schneiden oder durch die Nudelmaschine drehen. Die Nudeln in Salzwasser etwa 2 Minuten kochen lassen, abgießen und in zerlassener Butter schwenken.

Mit Tomatensugo oder nur mit geriebenem Parmesan sind die Nudeln ein Genuss.

Fotos © Wildbild/Freund

Foto: © Wildbild/Freund

Frühlings-Couscous-Salat

Zutaten

- 150 g Couscous
- 2 Tassen Wasser
- 1 Bund Radieschen
- 2 Frühlingszwiebeln
- 1 Zitrone
- 1 EL Ahornsirup
- Salz, Pfeffer
- 3 EL Olivenöl
- Frische Kresse

Zubereitung

Den Couscous in eine Schale geben, mit kochendem Wasser übergießen und kurz zugedeckt quellen lassen.

Radieschen und Frühlingszwiebeln putzen, waschen und fein hacken. Den Saft der Zitrone mit Ahornsirup, Salz, Pfeffer und Olivenöl verrühren.

Den Couscous mit Radieschen, Zwiebeln und der Marinade mischen. Den Salat vor dem Servieren mit frisch geschnittener Kresse bestreuen.

Meine Notizen

Gartenwissen

Bei den Radieschen heißt es aufpassen. Nicht jedes Saatkorn liefert auch wirklich köstliche kleine Knollen. Es gibt Frühjahrsradieschen, die man auch noch im Frühherbst säen kann, und Sommerradieschen, die im Frühjahr keine Knollen liefern. Schauen Sie also immer erst auf die Packung, bevor es ans Säen geht.

Neben den klassischen roten runden Knollen gibt es Radieschen in Gelb, Weiß, Violett und Rot mit weißer Spitze. Alle runden Radieschensorten können bedenkenlos auch in einem Kübel auf Balkon und Terrasse gedeihen, für die langen Knollen muss der Topf recht tief sein. Die Knollen entwickeln sich gut, wenn der Boden vor der Aussaat mit etwas Kompost versorgt wurde. Um knackige, leicht scharfe Radieschen ernten zu können, ist eine ausreichende Wasserversorgung das A und O. Wenn Sie nur bei großer Trockenheit wässern, platzen die Knollen, werden schärfer und pelzig. Radieschen schmecken am besten frisch geerntet, halten sich im Kühlschrank aber auch einige Tage. Drehen Sie zuvor das Laub ab und wickeln die Knollen in ein feuchtes Küchentuch ein.

Bärlauchschnecken

Zutaten

Für den Hefeteig:

- 250 g Mehl
- 21 g Germ (Hefe)
- 1 TL Salz
- 120 ml lauwarme Milch
- 3 EL Öl

Für die Fülle:

- 1 Knoblauchzehe
- 6 getrocknete Paradeiser (Tomaten)
- 20 g Bärlauch
- 100 g Topfen (Magerquark)
- 1 Ei
- 50 g Mehl
- Pfeffer, Salz
- 1 Dotter, 1 EL Milch zum Bestreichen
- Geriebener Parmesan, nach Belieben

Zubereitung

Für den Hefeteig alle Zutaten miteinander vermengen und etwa eine Stunde gehen lassen. Für die Fülle die Knoblauchzehe schälen und fein hacken, die Paradeiser klein schneiden, den Bärlauch waschen und abtropfen lassen. Alles mit Topfen, Ei und Mehl gut verrühren und mit Salz und Pfeffer würzen.

Den Hefeteig rechteckig dünn ausrollen, mit der Füllung bestreichen und von der kurzen Seite her aufrollen. Etwa 2 Zentimeter dicke Scheiben von der Teigrolle schneiden, auf ein Backpapier legen und an einem warmen Ort etwa eine Stunde gehen lassen.

Dotter und Milch mischen und die Schnecken damit bestreichen, anschließend mit Parmesan bestreuen. Im vorgeheizten Ofen bei 180 °C etwa 20 Minuten backen. Dazu schmeckt eine Kräuter-Joghurt-Soße.

Tipp von Mama
„Damit man diese Schnecken auch im Sommer zubereiten kann, verwendet man statt Bärlauch einfach blanchierte Mangoldblätter."

Gemüse im Backteig

Zutaten

- 500 g Gemüse (z. B. Kohlrabi, Sellerie, Karfiol/Blumenkohl, Zucchini, Melanzani/Auberginen)
- Salz
- 3 Eiweiß
- 150 g Mehl
- ¼ l Bier
- 3 Dotter
- 50 g Butter

Zubereitung

Das Gemüse putzen, waschen, gegebenenfalls schälen und in Scheiben oder Streifen schneiden. In kochendem Salzwasser kurz blanchieren.

Eiweiße zu festem Schnee schlagen. Die restlichen Zutaten zu einem Backteig verrühren und dann den Eischnee unterheben.

Das Gemüse durch den Backteig ziehen und in heißem Fett goldbraun backen.

Eine Kräutersoße schmeckt sehr gut dazu.

Schüttelpizza

Zutaten

- Je nach Belieben bzw. was sich so im Kühlschrank befindet: Schinken, Käse, Paprikaschoten, Zwiebeln, Oliven, Champignons
- ¼ l Milch
- 3 Eier
- 5 EL Mehl
- Pizzagewürz, Oregano
- Parmesan zum Bestreuen

Meine Notizen

Zubereitung

Die verschiedenen Zutaten in Würfel beziehungsweise Scheiben schneiden und in einer verschließbaren Schüssel mit Milch, Eiern, Mehl und den Gewürzen vermengen, den Deckel draufgeben und fest durchschütteln.

Auf ein Blech Backpapier legen, die Masse darauf verteilen und mit Parmesan bestreuen. Im Backofen bei 210 °C Heißluft ca. 25 Minuten backen.

GARTENTIPP VON KARL

Der mediterrane Oregano gehört normalerweise in die volle Sonne in ein Beet mit gut durchlässiger, kiesiger Erde. Doch es gedeiht auch gut im Topf – idealerweise auf dem Südbalkon. Hat man nur die Möglichkeit, es auf der Fensterbank zu ziehen, dann nie zu viel wässern und so hell es geht aufstellen. Alle zwei Wochen organisch düngen. Im Zimmer wird es nicht ewig halten, alle paar Monate wird man es ersetzen müssen.

Foto © Wildbild/Freund

Topfenlaibchen

Zutaten

- Frische Petersilie
- ½ Knoblauchzehe
- ½ Zwiebel
- 1 Karotte
- 20 g Lauch
- 50 g Schinken
- 250 g Magertopfen (Magerquark)
- 25 g geriebener Bergkäse
- 2 Eier
- 5 EL Semmelbrösel
- 2 EL Haferflocken
- 2 EL Mehl
- Salz, Pfeffer
- Etwas Öl
- Etwas Zitronenthymian

Zubereitung

Petersilie waschen, vom Stängel abzupfen, Knoblauch, Zwiebel schälen und alles fein hacken. Karotte und Lauch putzen und fein schneiden, den Schinken klein würfeln.

Die übrigen Zutaten miteinander vermischen, gut würzen und kurz rasten lassen. Öl in einer Pfanne erhitzen.

Kleine Laibchen formen, diese in einer Pfanne auf beiden Seiten hellbraun anbraten.

GARTENTIPP VON KARL

Es gibt viele Kräuter, die sich auch problemlos im Topf ziehen lassen. Petersilie gehört genauso dazu wie Schnittlauch oder die große Palette an mediterranen Kräutern (Rosmarin, Oregano, Salbei und Thymian). Bei den Küchenkräutern immer humose Erde verwenden, bei den südländischen eine Erde mit viel Sand. Noch ein wichtiger Tipp: Petersilie ist selbstunverträglich. Im Garten darf man sie erst nach fünf bis sieben Jahren wieder an dieselbe Stelle setzen, sonst gibt es gelbe Blätter und kümmernde Pflanzen.

Cantuccini

Bei diesen herrlichen Mandelkeksen aus der Toskana sehnt man sich bereits im Frühling nach der Sonne Italiens. Am besten werden diese Kekse zu einem Espresso oder einem Glas Rotwein serviert. Einen ganz besonderen Geschmack bekommen sie aber erst, wenn sie mit Vanillezucker mit echter Bourbon-Vanille zubereitet werden. Bei diesem Duft kommt in mir sofort wieder die Sehnsucht nach der Insel La Réunion zurück – eine paradiesische Insel, welche die Heimat dieser Vanille ist und die auch für mich bei einem Auslandssemester zu einem Stück Heimat geworden ist. Nachdem diese Kekse sehr lange halten, mache ich sie auch als Weihnachtsgeschenk für meine lieben Tanten.

Zutaten

- 250 g Mehl
- 180 g Zucker
- 1 TL Backpulver
- 2 Pck. Vanillezucker
- ½ Fläschen Bittermandelöl
- 1 Prise Salz
- 25 g Butter (Zimmertemperatur)
- 2 Eier
- 175 g geschälte Mandeln

Meine Notizen

Zubereitung

Den Backofen auf 200 °C vorheizen. Für den Teig Mehl, Zucker, Backpulver, Vanillezucker, Bittermandelaroma und Salz vermischen. Danach Butter und Eier hinzugeben.

Alle Zutaten zu einem Knetteig verarbeiten – Achtung, der Teig ist sehr klebrig! Anschließend die Mandeln unterkneten. Den Teig mit etwas Mehl zu einer großen Kugel formen und 30 Minuten kalt stellen. Den Teig in 6 Teile schneiden und aus jedem eine 25 cm lange Rolle formen.

Das Backblech mit Backpapier auslegen und die Rollen mit etwas Abstand zueinander auflegen. Im Ofen für 15 Minuten vorbacken, auskühlen lassen und dann schräg in 1 Zentimeter dicke Stücke schneiden. Die Kekse mit der Schnittfläche nach oben auf das Backblech legen und nochmals 10 Minuten bei 200 °C rösten. Zum Schluss sollen die Cantuccini goldbraun sein. Wer die Mandelkekse lieber etwas härter möchte, sollte sie in einer geschlossenen Blechdose aufbewahren, ansonsten werden sie weich.

Foto © shutterstock.com/kuvona

Foto © shutterstock.com/zolochevka

Der Erstfrühling

Gebackene Selleriescheiben Karotten-Guglhupf
Fitnesssuppe Eieraufstrich **Fastenbeugerl**
Gefüllte Hühnerbrüstchen

Garteln im Erstfrühling

In dieser phänologischen Jahreszeit beginnt für viele das Garteln, denn es heißt beispielsweise: Wenn die Forsythie blüht, dann werden die Rosen geschnitten. Der Erstfrühling ist die Zeit der großen und kleinen Zwiebelblumen, der blühenden Kirschbäume und des ersten saftigen Grüns. Meist noch zart als Knospen, gegen Ende dann schon flächendeckend mit dem ergrünenden Rasen und dem nun kräftigen Vogelgesang. Die Tage werden länger und es wird zunehmend milder – dennoch sind witterungsmäßige Rückschläge in dieser Zeit oft gewaltig. Daher gilt: Nichts übereilen!

> *Ostern ist das Frühlingsfest – die ersten Wildkräuter, die ersten Sonnenstunden im Garten und viele Ostereier. In unseren Gärten beginnt heuer erst zaghaft das erste große Blühen, doch so manches „Unkraut" wird in diesen Tagen schon zum köstlichen Vitaminspender. Ob Brennnessel, Giersch oder Vogelmiere – die wilden Kräuter sind gar nicht so schlecht wie ihr Ruf. Deshalb: Nicht ärgern, sondern aufessen!*

Foto © shutterstock.com/Carmina McConnell

Foto © Wildbild/Freund

Fünf Unkräuter als Vitaminlieferanten

Brennnessel

Lange Zeit war die Brennnessel das Paradebeispiel für lästiges Unkraut, doch die Zeiten haben sich gewandelt. Brennnesseln sind mittlerweile salonfähig geworden. Die jungen Blätter werden wie Spinat zubereitet oder als interessante Bereicherung für den Frühlingssalat genutzt. Im Garten ist die Brennnessel eine wichtige Nahrungsquelle für Schmetterlingsraupen.

GARTEN WISSEN

Wenn die frisch gesetzten Salatpflänzchen nach wenigen Tagen welk auf der Erde liegen, dann hat mit großer Sicherheit der Drahtwurm sein Unwesen getrieben. Die orangefarbigen, etwa 1,5 Zentimeter langen Würmer fressen sich in die Wurzel und bringen die Pflanze zum Absterben. Gefangen werden sie ganz einfach mit halbierten Erdäpfeln, die man gut 10 Zentimeter tief eingräbt und mit einem Stäbchen markiert. Graben Sie die Hälften nach zwei, drei Tagen aus, um den Befall zu kontrollieren. Meist haben sich an der Schnittstelle bereits die ersten Drahtwürmer festgefressen. Sie werden abgesammelt und vernichtet und die halbierten Kartoffeln in den Boden gesteckt.

Vogelmiere

Auf humosen, nährstoffreichen Gartenböden fühlt sich die Vogelmiere besonders wohl. Kaum ausgerissen, ist sie nach wenigen Tagen schon wieder da. Verwenden Sie die zarten Blätter doch als Salatverfeinerung. Sie enthalten viele Vitamine.

Scharbockskraut

Ganze Teppiche dieses Frühlingskräutleins sind jetzt in den Gärten zu finden. Die kleinen Blätter sind reich an Vitamin C. Ab Beginn der Blütezeit sind sie jedoch giftig und führen zu Übelkeit und Erbrechen.

Giersch

Der Erdholler, wie er landläufig genannt wird, treibt Generationen von Gärtnerinnen und Gärtnern „auf die Palme" – kaum ausgerissen, taucht er schon wieder auf und überwuchert alles. Das dichte Wurzelwerk ist nur durch dickes Mulchen und Auslegen von Pappkartons in Schach zu halten. Die jungen Blätter schmecken prima im Salat.

Gundelrebe

Fans des gepflegten Rasens hassen dieses Kräutlein, das endlos lange Triebe bildet und bei falscher Pflege rasch überhandnimmt. Die Blätter sind ideal für eine Kräuterbutter und ebenfalls als Salatbeigabe geeignet.

Nützliche Eierschalen

Übrigens kann man Eierschalen – ob braun oder weiß – im Garten auf unterschiedliche Art und Weise einsetzen. Werden zerstoßene Schalen rund um gefährdete Pflänzchen gestreut, bleiben sie von Schnecken verschont. Das funktioniert, solange es trocken ist. Möglichst klein zerdrückt können Eierschalen auch über den Komposthaufen gestreut werden. Sie zersetzen sich im Laufe von etwa zwei Jahren und liefern so den Kalk, den die Pflanzen benötigen.

Sie können Eierschalen auch im Backofen bei 75 °C eine halbe Stunde trocknen und anschließend in einer alten elektrischen Kaffeemühle zu Pulver zermahlen. Das Eierschalenpulver behebt Kalkmangel in der Erde.

Und auch Schnittlauch tun die Schalen gut, das war schon unseren Urgroßeltern bekannt: Gibt man ins Pflanzloch von Schnittlauch eine Handvoll Eierschalen, liefern sie nach und nach Kalk, den das Küchenwürzkraut so gern hat. Vermischt mit Kompost und Hornspänen liefert diese naturnahe Düngung auch gleich andere wichtige Nährstoffe.

Foto © shutterstock.com/jopelka

Auf dem Erntezettel steht nun schon einiges: Salat, Radieschen und Spinat aus dem Gewächshaus, Feldsalat. Im Freiland reift der erste Salat heran. Glück hat, wer noch vom Wintergemüse zehren kann: Sellerie und Karotten halten sich in Sand eingeschlagen oder gleich portionsweise eingefroren. Zwiebeln und Knoblauch sollten jetzt ebenso zügig verbraucht werden wie die Erdäpfel.

Foto © Wildbild/Freund

Gebackene Selleriescheiben

Zutaten

- 1 Sellerieknolle (ca. 900 g)
- Salz
- 100 g Mehl
- 100 g Semmelbrösel
- 2 Eier
- 2 EL Milch
- Pfeffer
- Öl zum Ausbacken

Zubereitung

Die Sellerieknolle schälen und in 1,5 cm dicke Scheiben schneiden. In kochendem Salzwasser ca. 5 Minuten garen und anschließend abkühlen lassen. Mehl, Semmelbrösel und Eier getrennt in tiefe Teller geben.

Die Eier mit der Milch verquirlen. Die Sellerieescheiben wie Schnitzel erst in Mehl, dann im mit Milch verrührten Ei und zum Schluss in Semmelbrösel wenden. Dabei besonders die Semmelbrösel fest andrücken.

Das Öl in einer Pfanne erhitzen und die Sellerieschnitzel darin bei mittlerer Hitze von jeder Seite 3–4 Minuten backen.

Zu diesem Gericht passt vorzüglich eine Kräutersoße: Dafür Sauerrahm, Knoblauch, etwas Salz und Pfeffer, verschiedene klein geschnittene Kräuter aus dem Garten und etwas Joghurt verrühren.

Foto © Wildbild/Freund

Karotten-Guglhupf

Zutaten

- 4 Dotter
- 180 g Zucker
- 250 g geriebene Mandeln
- 250 g geriebene Karotten
- Saft einer halben Zitrone
- 1 Prise Nelkenpulver
- Etwas Rum
- 4 Eiweiß
- 100 g Mehl
- ½ Pck. Backpulver
- Fett für die Form

Zubereitung

Den Ofen auf 180 °C vorheizen. Die Dotter mit dem Zucker schaumig schlagen, Mandeln mit Karotten, Zitronensaft, Nelkenpulver und Rum verrühren und unter die Dottermasse heben.

Die Eiweiße zu steifem Schnee schlagen und unterheben. Das Mehl mit dem Backpulver vermischen und ebenfalls unter die Masse rühren.

Eine Guglhupfform ausfetten und den Teig einfüllen. Etwa 40 Minuten backen.

Gartenwissen

Orangen, Zitronen, Mandarinen & Co. können bei der richtigen Pflege von den Zitruspflanzen im Kübel geerntet werden. Jetzt überwintern sie noch in einem kühlen, sehr hellen Raum und werden wenig gegossen.

Ab Mai kommen sie ins Freie, zunächst nicht in die pralle Sonne. Nach den Eisheiligen bekommen die wärmeliebenden Gehölze einen sonnigen, geschützten Platz und werden gut mit Nährstoffen versorgt. Ich arbeite in der obersten Schicht pro Pflanze eine gute Handvoll organischen Dünger ein.

Ab Mitte Juni bis Mitte August wird auch noch flüssig gedüngt, am besten mit speziellem Dünger für Zitrusgewächse. Beachten Sie bei der Dosierung bitte die Packungsangaben. Ende August werden die Düngergaben zügig reduziert, damit die Pflanzen die kühlere Zeit gut überstehen. Ab Ende Oktober werden sie eingeräumt.

Fitnesssuppe

Zutaten

- 2 große Zwiebeln
- 2 Knoblauchzehen
- 1 Peperoni (oder etwas Chili-Gewürz)
- 600 g Hühnerfleisch, ohne Haut
- 2 Karotten
- 2 Stangen Sellerie
- 2 große Paradeiser (Tomaten)
- 350 g weiße Bohnen, aus der Dose
- 2 EL Olivenöl
- 1 TL Oregano, getrocknet, gehackt
- 2 ½ l Wasser
- Geriebener Parmesan zum Garnieren

Zubereitung

Zwiebeln schälen und in feine Scheiben schneiden. Knoblauch schälen, Peperoni putzen und beides fein hacken. Hühnerfleisch würfeln. Karotten und Stangensellerie waschen, putzen und in dünne Scheiben schneiden, Paradeiser waschen und würfeln. Bohnen gut abspülen und abtropfen lassen.

Öl in einem großen Topf auf mittlerer Stufe erhitzen. Zwiebeln etwa 5 Minuten goldbraun anrösten. Das Hühnerfleisch dazugeben und gar dünsten. Anschließend Knoblauch, Peperoni oder Chiligewürz, Sellerie, Karotten und Oregano dazugeben.

Mit Wasser auffüllen und alles etwa 15 Minuten köcheln. Zuletzt die Bohnen und die Paradeiser dazugeben. Alles nochmals aufkochen und mit Salz und Pfeffer abschmecken. Vor dem Servieren die Suppe mit etwas Parmesan bestreuen.

KÜCHENTIPP VON KAROLINE

Passend für die Fastenzeit lautet mein Motto: „Fit in den Frühling". Das betrifft aber nicht nur sportliche Aktivitäten in der Natur, sondern auch das Essen. Denn „Abs are made in the kitchen" – also Bauchmuskeln werden in der Küche aufgebaut. In dieser Fitnesssuppe werden alle Zutaten vereint, die nötig sind, um fit und gesund in den Frühling zu starten.

Eieraufstrich

Zutaten

- 20 g weiche Butter
- 2 EL Sauerrahm (saure Sahne)
- 5 hart gekochte, gehackte Eier
- 1 kleine gehackte Zwiebel
- 1 kleine geriebene Karotte
- Etwas scharfer Senf
- Salz, Pfeffer
- Fein gehackter Schnittlauch zum Garnieren

Meine Notizen

Zubereitung

Die Butter schaumig rühren und anschließend mit dem Sauerrahm verrühren.

Eier, Zwiebel und Karotte untermischen und die Masse mit Senf, Salz und Pfeffer nach Belieben abschmecken. Vor dem Servieren mit Schnittlauch bestreuen.

Foto © Wildbild/Freund

GARTENTIPP VON KARL

Zwiebeln wachsen im Garten meist aus sogenannten Steckzwiebeln. Man bekommt die kleinen Zwiebelchen meist ab Jänner in den Gärtnereien zu kaufen. Da Zwiebeln zweijährige Pflanzen sind, das heißt im ersten Jahr eine Zwiebel bilden, im zweiten Jahr blühen, kann es passieren, dass sie bei sehr kühler Lagerung gleich in die Blüte übergehen. Bis zum Auspflanzen sollten sie daher warm gelagert werden. Setzen Sie immer die kleinsten Zwiebeln, die entwickeln sich nämlich am besten.

Fastenbeugerl

Zutaten

- 100 ml lauwarme Milch
- ¼ l lauwarmes Wasser
- 21 g Germ (Hefe)
- 350 g Weizenvollkornmehl
- 100 g Roggenmehl
- 1 TL Salz
- 1 TL gehackter Kümmel

Zubereitung

Den Backofen auf 180 °C vorheizen. Milch und Wasser miteinander vermischen und Germ darin auflösen. Mehl, Salz und Kümmel in eine Schüssel geben, aufgelöste Germ dazugeben und die Masse kurz gehen lassen.

Aus dem Teig runde Beugerl formen. In einem größeren Topf Salzwasser zum Kochen bringen und die Beugerl so lange darin kochen lassen, bis sie an der Oberfläche schwimmen.

Herausnehmen und auf ein mit Backpapier belegtes Backblech legen. Die Beugerl etwas salzen und etwa 25 Minuten im Backofen backen.

KÜCHENTIPP VON KAROLINE

Die Zeit zwischen Aschermittwoch und Ostern ist als Fastenzeit bekannt. Es gibt eine ganze Reihe von Fastenrezepten, dieses hier stammt von meiner Großmutter. Als traditionelle Fastenspeise gilt Fisch, der reich an Eiweiß und kalorienarm ist. Wer sich in der Fastenzeit für Forelle entscheidet, sollte sie „blau machen" und nicht braten. Dazu wird sie mit Essig und Wein gekocht.

Gefüllte Hühnerbrüstchen

Zutaten

- 200 g frischer Blattspinat
- 50 g Butter
- 40 g gehackte Zwiebel
- Salz und Pfeffer
- 1 Knoblauchzehe, gehackt
- 4 Hühnerbrüstchen
- 1 TL Zitronensaft

Zubereitung

Für die Fülle den Blattspinat kurz in heißem Wasser blanchieren. Danach mit eiskaltem Wasser abschrecken, gut ausdrücken und grob hacken. Die Butter erhitzen und die Zwiebel darin kurz anschwitzen.

Den blanchierten Blattspinat dazugeben und ca. 3 Minuten rösten lassen. Mit Salz, Pfeffer und Knoblauch nach Belieben abschmecken.

In die Hühnerbrüstchen eine kleine Tasche schneiden, die Blattspinatfülle einfüllen und die Ränder mit Zahnstochern verschließen. Anschließend mit Salz, Pfeffer und Zitronensaft würzen, in heißem Öl beidseitig etwa 2 Minuten anbraten und danach weitere 15 Minuten im Backofen bei 150 °C fertig garen. Zu diesem Gericht passt eine Schnittlauchsoße.

Meine Notizen

Grafik © shutterstock.com/Epine

Foto © shutterstock.com/Carolyn R

Vitaminreicher Schnittlauch

Neben der Petersilie ist Schnittlauch (*Allium schoenoprasum*) unser beliebtestes Kraut und jetzt im Erstfrühling ist eine gute Zeit, mit der Aussaat zu beginnen. Allerdings ist die nicht ganz so einfach, jedenfalls im Freiland. Der Boden wird gut vorbereitet, tiefgründig gelockert und er sollte möglichst unkrautfrei sein, denn die Samen keimen langsam. Damit Sie nicht zu viel vereinzeln müssen, lohnt es sich, die Samen mit Sand zu mischen, dann ist der Aufgang auch gleichmäßiger. Ein Standort im Halbschatten ist ideal, der Boden sollte nicht zu trocken sein, und das gilt eigentlich für die gesamte Vegetationszeit: Regelmäßiges Gießen ist wichtig, damit Schnittlauch sich gut entwickelt.

Einfacher und schneller kommen Sie an frischen Schnittlauch, wenn Sie einige Pflanzen im Fachhandel, am besten in Bioqualität, kaufen und im Erstfrühling einpflanzen. Und weil Schnittlauch vor allem auf kalkhaltigen Böden kräftig wächst, lohnt es sich, zerstoßene Eierschalen in das Pflanzloch einzuarbeiten oder im Herbst Algenkalk zu streuen.

Wer nicht so viele Pflanzen benötigt und bezüglich der Aussaat auf Nummer sicher gehen will, zieht Schnittlauch in Aussaatschalen, z. B. auf der Fensterbank vor, bei Temperaturen um 18 °C. Als Erde eignet sich Kräutererde, die nur wenige Nährstoffe enthält. Vor dem Aussäen festdrücken, Saatgut darauf verteilen, etwa 2 Zentimeter hoch mit Erde bedecken und wässern. Im Fachhandel gibt es außerdem Saatscheiben, bei denen die Samen schon im richtigen Abstand angeordnet sind. Sie werden auf die vorbereitete Erde gelegt, gut gewässert und dann auch mit Erde bedeckt. Eine kontinuierliche Wasserversorgung ist auch bei dieser Anzucht empfehlenswert.

Pflege und Ernte

Oft hört man, Kräuter seien allesamt sehr genügsam und müssten nicht oder nur ganz wenig gedüngt werden. Das stimmt aber nicht, denn auch bei Kräutern gibt es Unterschiede, was den Nährstoffbedarf angeht. Beim Schnittlauch jedenfalls, der als Staude ja auch einige Jahre im Beet steht, ist die Düngung das A und O für eine gute Entwicklung und reiche Ernte. Im Frühjahr arbeitet man um die Pflanzen herum Kompost, Hornspäne oder andere biologische Dünger ein, bis zum Herbst kann zwei- bis dreimal zusätzlich flüssiger Biodünger oder Brennnesseljauche gegeben werden.

Vor dem Winter schneidet man die Horste zurück, gräbt die Stöcke aus und legt sie mit den Wurzeln nach oben aufs Beet, um sie im Frühjahr dann wieder neu zu pflanzen. Der Frost regt das Wachstum dieses Alpenbewohners nämlich an und fördert dadurch eine gute Entwicklung. Wenn Sie auch im Winter frischen Schnittlauch haben wollen, müssen Sie nur einen Teil des Wurzelstocks abtrennen, in einen Topf mit Erde setzen und auf der Fensterbank weiterkultivieren.

Einziger lästiger Schädling ist das Lilienhähnchen, auch als Schnittlauchkäfer bekannt. Der rote Käfer kann schwer abgesammelt werden, da er sich bei Gefahr immer sofort zu Boden fallen lässt. Legen Sie Zeitungspapier um die einzelnen Horste aus, dann fallen die lästigen Tiere darauf und können so gut entfernt werden.

Damit die einzelnen Pflanzen nicht ausgelaugt werden, sollten die Röhrenblätter im ersten Jahr nach der Aussaat nur zwei- bis dreimal mit einem scharfen Messer oder einer Schere abgeschnitten werden. Ab dem 15. August – Stichtag auch für Spargel und Rhabarber – ist es vorbei mit der Ernte, denn dann sammelt die Pflanze Kraft fürs nächste Jahr.

Foto © shutterstock.com/Sergei Mishchenko

Der Vollfrühling

Frühlingsaufstrich Vegetarische Bolognese
Hühnerschnitzerl in Kräutermarinade Radieschenbutter
Spinat-Topfen-Nockerln Kohlrabi-Sticks **Ei-Paradeiser-Aufstrich**
Rosmarinweckerl

Garteln im Vollfrühling

Alles blüht, alles duftet – die Vögel singen. Das Herz der Garten- und Naturliebhaber geht in diesen Wochen über. Kaum ein Tag, an dem sich nicht irgendwo neue Blüten öffnen. Der Flieder steht in voller Pracht, im Obstgarten blühen die Apfelbäume, und die Blumenwiesen zeigen sich in ihrem herrlichen Blütenkleid. Der Vollfrühling startet meist in den letzten Apriltagen und endet in den letzten Maitagen. Einmal mehr „duftet" nun die Natur in den verführerischsten Varianten. Für mich ist die erste Ernte im Gemüsegarten das typische Zeichen für diese Jahreszeit. Salate in den unterschiedlichsten Sorten, Radieschen und die ganze Palette an Kräutern warten nur darauf, in der Küche verarbeitet zu werden.

Salatissimo

Damit der Salat – ob Pflücksalat oder Kopfsalat – richtig wächst, sollte er niemals zu tief gesetzt werden. Setzt man Pflänzchen mit kleinem Erdballen, dann kommt immer nur gut die Hälfte des Erdballens in die Erde, denn dadurch wird das Faulen der Salatpflanzen vermieden. Wenn Salat aus Samen angezogen wird, sollten Sie nicht zu dicht säen und in den ersten Wochen dann noch die eine oder andere Pflanze ausziehen. Die Jungpflanzen kann man gut gewaschen als Ganzes für den Salat verwenden.

Als herbe Ergänzung im Salatangebot und vor allem in der mediterranen Küche ist Rucola ein toller Tipp und sehr leicht zu kultivieren. Das ist eine alte Kulturpflanze, die früher unter dem Namen „Rauke" bekannt, jedoch in Vergessenheit geraten war. Ein weiteres Plus von Rucola: Schnecken und andere Schädlinge halten Abstand. Die sind auf viele andere Salatarten aber ganz scharf. Gegen Schnecken gibt es verschiedene Schutzvorrichtungen. Um Blattläusen vorzubeugen, wählen Sie am besten eine blattlausresistente Sorte aus oder greifen zu rotlaubigem Salat.

Neben dem klassischen Kopfsalat sind heute vor allem auch Pflücksalate beliebt. Sie bilden keinen richtigen Kopf aus, sondern eine mehr oder weniger kugelige Rosette. Die Blätter werden einzeln abgeschnitten, ganz nach Bedarf, und wenn Sie das Herz der Pflanze stehen lassen, wächst immer etwas nach. Damit nicht alle Pflanzen auf einmal schnittreif sind, setzt man im Abstand von ein bis zwei Wochen immer einige Jungpflanzen.

Foto © shutterstock.com/rodimov

Scharfe Früchtchen

Chili und Paprika sind extrem wärmebedürftig und benötigen vom Samenkorn bis zur ersten Fruchtreife mindestens drei bis vier Monate. Deshalb kommen Jungpflanzen im Vollfrühling erst nach den Eisheiligen ins Freie. Die Kinderstube, also die Voranzucht, beginnt allerdings schon im Februar im Haus oder warmen Gewächshaus bei 25 °C Bodentemperatur und möglichst viel Licht. Bei niedrigen Temperaturen – um 7 °C ist für die Pflanzen praktisch Frost – treten Wachstumsschäden auf, die erst nach Wochen aufgeholt werden. Allerdings: Zu große Hitze, wie sie manchmal in Kleingewächshäusern vorkommt, ist auch nichts. Denn da kommt es zu keiner Befruchtung und die Früchte fallen ab. Mein Standortfavorit: in Töpfen vor der südlichen Hauswand.

Paprika ist fester Bestandteil vieler Speisezettel. Im Supermarkt gibt es einige Sorten, echte Vielfalt können Sie allerdings nur erleben, wenn Sie das gesunde Gemüse selbst anbauen. Probieren Sie doch mal die folgenden Sorten:

- *'Skytia' ist eine alte Regionalsorte, die sehr viele Früchte liefert und früh reif wird.*
- *Zu den Blockpaprika zählt die Sorte 'Bontempi' mit mild-aromatischem Geschmack. 'Pinokko' wächst gut im Garten und ist sehr widerstandsfähig gegenüber Krankheiten.*
- *Mittelscharf sind die Früchte der Sorte 'Kekova'.*
- *Mit 30 Zentimetern Wuchshöhe wird die Zierpaprikasorte 'Medusa' nicht sehr hoch und eignet sich sehr gut für die Topfbepflanzung.*
- *Die süße Sorte 'Aurelio' wächst sogar im Halbschatten.*

Foto © Wildbild/Freund

Paradeiser auf dem Balkon

So wie alle Blütenpflanzen gedeihen natürlich auch viele Gemüse- und Obstarten auf einem Balkon oder einer Terrasse. Bei sorgsamer Pflege lassen sich, trotz der extremen Wachstumsbedingungen, auch hier ganz gute Erfolge erzielen. Am besten geeignet für den Ausflug in luftige Höhen sind jene Pflanzen, die von Haus aus gern ein warmes Plätzchen haben: z. B. die Paradeiser, zu Deutsch Tomaten.

In den meisten Gegenden Deutschlands kommen Tomaten nach den Eisheiligen Mitte Mai ins Freie. Von der Aussaat bis zur Pflanzung vergehen etwa acht Wochen, das heißt Mitte März ist ein guter Zeitpunkt, um die Samenkörner auszusäen. Helligkeit und Temperaturen um 20 °C sind ideal für die Keimung, am besten wird dann noch einmal umgetopft, bevor die Paradeiser in ihre endgültigen Gefäße gepflanzt werden und nach draußen kommen. Es ist hin-

GARTEN WISSEN

Rosmarin passt zu vielen Gerichten, z. B. auch zu den vorgestellten Rosmarinweckerln (siehe Seite 55) oder zu Tomatenspeisen. Das mediterrane Gewächs benötigt einen sehr sonnigen Platz mit einer gut durchlässigen Erde. Das Substrat, in dem Rosmarin in Gärtnereien gezogen wird, ist für eine dauerhafte Kultur nicht geeignet. Daher sollte man die Pflanze gleich nach dem Kauf aus dem Topf nehmen, möglichst viel (Torf-)Substrat entfernen und in ein Erdgemisch setzen, das zu gleichen Teilen aus Gartenerde, Sand und Splitt besteht. Falls reifer Kompost vorhanden ist, kann davon etwas untergemischt werden. Zur Düngung verwenden Sie Hornspäne oder einen organischen Langzeitdünger für Kräuter.

länglich bekannt, dass Paradeiser „Mimosen" sind, wenn es um Regen, Kälte und Wind geht. Ein Paradeiserhaus oder ein sonniger, geschützter Platz auf dem Balkon sind die besten Voraussetzungen für eine gute Ernte. Mein Tipp: Nach der vierten Blütenrispe sollte die Spitze der Paradeiserpflanze abgeschnitten werden. Die späteren Früchte reifen in unserem Klima nicht aus und die anderen Früchte werden durch diese Maßnahme größer und schöner.

Und so wird es gemacht: Ein Blumentopf mit dem Durchmesser von 35 Zentimetern ist die ideale Größe für eine Paradeiserpflanze. Ein Tontopf zum Pflanzen sieht zwar hübsch aus, im Hochsommer aber werden Sie mit dem Gießen nicht nachkommen, weil die Verdunstung extrem groß ist. Der Kunststofftopf hat sich für die Paradeiser besser bewährt, mit einem tiefen Untersetzer übersteht die Pflanze später einmal auch die heißen Mittagsstunden. Gepflanzt wird in ganz gewöhnliche Blumenerde. Wer die Möglichkeit hat, mischt Kompost unter, auch eine Handvoll Hornspäne als Langzeitdünger hat sich bewährt. Entfernen Sie die unteren beiden Blätter und setzen Sie die Pflanze um gute 5–10 Zentimeter tiefer in die Erde, als sie zuvor stand. Das wird die Wurzelbildung fördern. Damit das Gießen erleichtert wird, sollte ein Tontopf mit etwa 10 Zentimetern Durchmesser neben der Tomatenpflanze bodeneben eingegraben werden. Dahinein wird dann gegossen und es bleibt immer ein kleiner Wasservorrat im Topf.

Die Ernte

Ab August ist es dann endlich so weit, die Ernte kann beginnen. Die ersten Früchte schmecken am besten gleich frisch vom Strauch gepflückt, den weiteren Verarbeitungsmöglichkeiten sind dann kaum Grenzen gesetzt. Um die gesunden Inhaltsstoffe der Paradeiser für den Winter zu konservieren, kann man die rohen Früchte einfrieren, Saft oder Mark daraus produzieren oder sie einkochen.

Die Schwierigkeiten

In unseren regenreichen Sommern leiden die Pflanzen häufig unter der Braunfäule. Zuerst bekommen die Blätter Flecken, später auch die noch grünen Früchte. Sobald erste Anzeichen dieser Erkrankung auftauchen, sollten alle befallenen Blätter und Früchte entfernt und vernichtet werden; auf den Komposthaufen gehören sie nicht. Zur Stärkung können Sie Paradeiser wöchentlich mit Magermilchbrühe überbrausen. Das hat eine stärkende Wirkung und verhindert Krankheiten. Auch das Überstäuben mit Steinmehl wirkt krankheitshemmend. Der beste Schutz aber: Glas- oder Foliendächer als Regenschutz. Aufgeplatzte Früchte sind übrigens keine Anzeichen für eine Krankheit: Hier wurde nur auf das regelmäßige Gießen vergessen.

Für die Magermilchbrühe wird 1 l Magermilch mit 1 l Wasser verdünnt. Bei dem Schachtelhalmtee werden 30 g Schachtelhalm in 1 l Wasser gegeben. Das Ganze muss 24 Stunden ziehen, wird dann 15 Minuten aufgekocht, abgeseiht und unverdünnt über Blätter und Früchte gespritzt.

Foto © Wildbild/Freund

Frühlingsaufstrich

Wenn der Frühling ins Land zieht, dann „stapeln" sich auf der Fensterbank in unserer Küche die Schnittlauch-, Petersilien- und Kressetöpfchen. Wir verwenden zu Hause immer frische Kräuter, die viel aromatischer sind als die aus dem Supermarkt. Frische Kräuter verleihen den Speisen den absolut besten Geschmack.

Zutaten

- 250 g Topfen (Quark)
- 2 EL Sauerrahm (saure Sahne)
- ½ Knoblauchzehe
- 1 Bund Radieschen
- 2 Karotten
- Salz, Pfeffer
- Etwas Zitronensaft
- Schnittlauch, Petersilie, Kresse, nach Belieben

Zubereitung

Den Topfen mit dem Sauerrahm und dem zerdrückten Knoblauch mischen. Radieschen und Karotten putzen und waschen, die Radieschen raspeln, die Karotten reiben und beides unter die Topfenmasse mischen.

Mit Salz, Pfeffer und Zitronensaft abschmecken. Die Kräuter waschen, trocken schütteln und hacken. Vor dem Servieren über den Frühlingsaufstrich streuen.

Foto © Wildbild/Freund

Vegetarische Bolognese

Zutaten

- 500 g Vollkornspaghetti
- 1 mittelgroße Zucchini
- 2 Karotten
- 2 Fleischtomaten
- 1 Knoblauchzehe
- 1 rote Zwiebel
- 2 EL Olivenöl
- 1 TL Paprikapulver
- 1 TL Oregano
- ½ TL Thymian
- 300 ml passierte Paradeiser (Tomaten)
- Klein geschnittene Oliven
- 80 g geriebener Parmesan

Zubereitung

Die Spaghetti nach Packungsangabe kochen. Zucchini, Karotten und Paradeiser putzen, waschen, wenn nötig schälen und alles in Würfel schneiden. Knoblauch und Zwiebel schälen und ebenfalls klein würfeln.

Das Olivenöl in einer Pfanne erhitzen und das Gemüse etwa 3 Minuten dünsten. Die Gewürze dazugeben, dann die passierten Paradeiser und die klein geschnittenen Oliven untermischen und alles 5 Minuten weiterkochen lassen.

Die Sugo über die gekochten Spaghetti gießen und mit Parmesan bestreut servieren.

Meine Notizen

Gartenwissen

Oft wollen die Karotten nicht keimen. Da gibt es aber einen Trick: Ein Marmeladeglas zur Hälfte mit Sand füllen und die Karottensamen einstreuen. Ein wenig anfeuchten, dann Deckel drauf und gut schütteln. An einen warmen Ort im Zimmer stellen und so lange belassen, bis die Samen zu keimen beginnen. Nun im Gartenbeet eine Saatrille ziehen (etwa 2 Zentimeter tief) und Sand und Samen einstreuen. Sofort mit Erde bedecken und gut angießen. Die nächste Ernte ist gesichert.

Und auch Oliven können Sie ernten, denn selbst kultivierte Olivenbäumchen tragen bei richtiger Pflege auch Früchte. Sie werden sicher kein Olivenöl daraus pressen können, denn dafür wird die Ernte wahrscheinlich nicht hoch genug ausfallen, allerdings lassen sich die Früchte in Salzlake einlegen und später mit Kräutern und Öl verfeinern. Ab Ende April kommen die attraktiven mediterranen Gehölze ins Freie, müssen aber bei Spätfrostgefahr mit einem Vlies geschützt werden. Erhalten Oliven einen sonnigen Platz, wöchentlich eine Düngung und kontinuierliche Wassergaben, setzen gute Fruchtsorten auch reichlich Früchte an.

Hühnerschnitzerl in Kräutermarinade

Zutaten

- 70 g Sauerrahm (saure Sahne)
- 25 g Olivenöl
- 25 g Wasser
- 2 Knoblauchzehen, gehackt
- 1 EL Zitronensaft
- ½ EL Tabasco
- Salz, Pfeffer
- 4 EL gehackte Kräuter (z. B. Petersilie, Schnittlauch, Basilikum etc.)
- 4 Hühnerbrüstchen (ausgelöst)

Zubereitung

Aus den Zutaten eine Marinade rühren. Die Hühnerbrüstchen etwa 15 Minuten darin ziehen lassen.

Anschließend in einer Pfanne Öl erhitzen und die Brüstchen kurz auf beiden Seiten anbraten und dann noch im vorgeheizten Backofen bei 180 °C ca. 25 Minuten garen.

KÜCHENTIPP VON KAROLINE

Bei Pfannengerichten oder Ofengemüse können Sie ruhig ein bis zwei Knoblauchzehen ungeschält zu dem Gericht geben, die vor dem Servieren wieder herausgenommen werden. Der Knoblauch in Bioqualität – am besten aus dem eigenen Garten – gibt ein wunderbares Aroma. Knoblauch sollten Sie in der Pfanne nicht zu scharf anbraten, sondern eher mild anschwitzen, er schmeckt sonst nämlich ziemlich bitter. Eine tolle wilde Alternative zum Knoblauch ist übrigens Knoblauchsrauke, die im Frühling gesammelt werden kann.

Radieschenbutter

Zutaten

- 100 g Radieschen
- 50 g weiche Butter
- 4 EL Schnittlauch, gehackt
- Salz, Pfeffer
- 1 Prise Paprikapulver
- 1 TL Limettensaft

Zubereitung

Die Radieschen putzen, waschen und ganz fein würfeln oder reiben. Die Butter schaumig rühren und die Radieschen und die Schnittlauchröllchen unterrühren.

Die Butter mit Salz, Pfeffer, Paprikapulver und Limettensaft abschmecken und kalt stellen.

Foto © Wildbild/Freund

Foto © shutterstock.com/Alexey Boldin

GARTENTIPP VON KARL

Unter den vielen Zitruspflanzen, die angeboten werden, findet man auch manchmal Limettenbäumchen. Sie wachsen, blühen und fruchten gut. Zur Überraschung vieler Gärtnerinnen und Gärtner färben sich die Früchte meist ein Jahr nach der Blüte gelb, obwohl man ja grüne Limetten erwartet. Grund für dieses Phänomen sind die kühlen Nächte bei uns. Limetten wachsen normalerweise in gemäßigtem Klima ohne große Tag- und Nachtunterschiede bei den Temperaturen.

Spinat-Topfen-Nockerln

Zutaten

- 400 g Spinat
- 400 g Magertopfen (Magerquark)
- 2 Eier
- 100 g Mehl
- 1 Prise Muskatnuss
- Salz, Pfeffer
- 30 g Butter
- Frisch geriebener Parmesan, nach Belieben

Zubereitung

Spinat putzen, waschen und in kochendem Wasser 3 Minuten blanchieren. Abgießen und abtropfen lassen, anschließend den Spinat mit einem Pürierstab zerkleinern. Spinat, Magertopfen, Eier und Mehl zu einer glatten Masse verarbeiten. Mit Muskatnuss, Salz und Pfeffer abschmecken und alles 10 Minuten ziehen lassen.

Aus der Masse mit zwei Esslöffeln Nockerln formen und diese in siedendes Salzwasser legen. Die Nockerln 10 Minuten ziehen lassen, abseihen. Die Butter in einer Pfanne zerlassen und leicht bräunen. Vor dem Servieren über die Spinat-Topfen-Nockerln gießen und nach Belieben mit Parmesan bestreuen.

Meine Notizen

Tipp von Mama

„Du kannst die Nockerln auch im Ofen zubereiten. Dazu werden aus der Masse kleinere Nockerln geformt, mit 40 g Parmesan bestreut und bei 180 °C 20 Minuten gebacken. Als kleine Beilage dazu eignet sich ein frischer grüner Salat aus dem Gemüsegarten."

Kohlrabi-Sticks

Zutaten

- 2 Kohlrabi
- Salz, Pfeffer
- 2 EL Sonnenblumenöl

Zubereitung

Die Kohlrabi putzen, schälen und in Stäbchen schneiden. Mit Salz und Pfeffer würzen und mit dem Sonnenblumenöl vermengen.

Anschließend auf einem Backblech verteilen und bei 220 °C im Ofen etwa 25 Minuten backen.

GARTENTIPP VON KARL

Wer im Frühjahr Kohlrabipflänzchen kauft, der wird schon nach wenigen Wochen die ersten zarten Knollen ernten können. Eine Sorte allerdings wird zwar im Frühling gepflanzt, geerntet wird aber erst im Spätherbst: 'Superschmelz' ist der größte Kohlrabi, der bis zu 1 Kilogramm schwer werden kann und – der Name ist Programm – trotzdem nicht holzig wird. Im Gemüsefach vom Kühlschrank kann er wochenlang gelagert werden.

Ei-Tomaten-Aufstrich

Zutaten

- ½ kleine Zwiebel
- 6 Cocktailtomaten
- 4 hart gekochte Eier
- 4 EL Topfen (Quark)
- 1 EL frisch gehackte Petersilie
- Salz, frisch gemahlener Pfeffer
- 1 Prise Paprikapulver

Zubereitung

Die Zwiebel schälen und fein hacken. Die Cocktailtomaten waschen und anschließend klein würfeln. Die Eier schälen, in Dotter und Eiweiß trennen, Dotter mit der Gabel zerdrücken, das Eiweiß fein hacken.

Zwiebel, Tomaten und Eier mit dem Topfen und der Petersilie vermischen. Danach den Aufstrich mit Salz, Pfeffer und Paprika nach Belieben abschmecken.

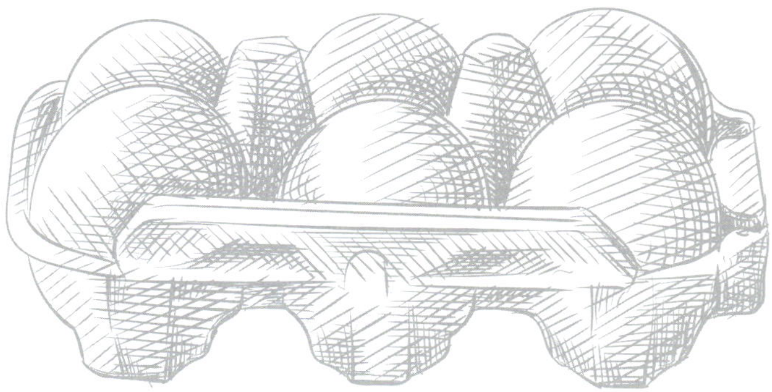

GARTENTIPP VON KARL

Nicht der schwarze Pfeffer ist es, der sich im Garten anbauen lässt, sondern der rote Pfeffer. Szechuan-Pfeffer (*Zanthoxylum simulans*) ist ein auch in Mitteleuropa winterharter Strauch, der im Vollfrühling gepflanzt wird und im Spätherbst feuerrote Beeren ausbildet. Er wächst auf jedem Boden. Die Früchte werden Ende Oktober gepflückt und getrocknet und haben dann eine feurig-scharfe, pfeffrige Würze. Besonders aromatisch ist Szechuan-Pfeffer, wenn man die Beeren vor dem Genuss leicht röstet. Ein interessantes und nicht alltägliches Gehölz.

Rosmarinweckerl

Zutaten

- 1 kg Dinkelmehl
- 4 TL Salz
- 1 Würfel Germ (Hefe)
- 1 TL Zucker
- 500 ml Wasser
- 5 Zweige Rosmarin
- Wasser zum Bestreichen

Zubereitung

Mehl mit dem Salz vermischen. Germ mit dem Zucker in etwas lauwarmem Wasser verrühren. Eine Mulde ins Mehl drücken und den aufgelösten Germ darin einrühren.

Den Vorteig 15 Minuten gehen lassen, anschließend nach und nach das Wasser zugießen und alles zu einem glatten Teig verkneten, der nicht mehr an den Händen klebt. Zu einer Kugel formen, mit einem Tuch abdecken und gehen lassen, bis der Teig sich verdoppelt hat.

Nun den Teig noch einmal ordentlich durchkneten. Rosmarinnadeln von den Stängeln zupfen, hacken und unter den Teig mischen. Kleine Brötchen formen, aufgehen lassen, mit Wasser bestreichen, im vorgeheizten Ofen bei 220 °C ca. 15 Minuten backen.

KÜCHENTIPP VON KAROLINE

Wenn ich an einem Rosmarinstock vorbeigehe, kann ich nicht anders, ich muss daran riechen. Dabei werden sofort sommerliche Gefühle wach. Diesem Kraut kann ich einfach nicht widerstehen, auch weil es für verschiedenste Gerichte verwendet werden kann. Besonders die Rosmarinweckerl kann ich Ihnen empfehlen. Klein gehackt schmeckt Rosmarin auch köstlich, wenn er über Bratkartoffeln gestreut wird.

Foto © shutterstock.com/FMB

Der Frühsommer

Frühstücksmuffins mit Spiegelei
Tiramisu ohne Ei **Mini-Lachsrollen mit Dill-Topfen-Fülle**
Kleine Pizzen als Snack **Zucchini-Carpaccio** Spargel-Tarte

Holunder blüht – der Frühsommer ist da

Duft begleitet uns durch das ganze Gartenjahr – aber nun ist die Zeit gekommen, die selbst Nichtgärtner zum Schwärmen bringt: die Zeit der Rosenblüte. Zwar ist die „offizielle“ Zeigerpflanze des Frühsommers der Holunder, doch wirklich dominieren nun im Garten und in den Parks die Rosen. Der Holler, wie der Holunder im Volksmund oft genannt wird, darf im Garten aber auch nicht fehlen. „Man müsste einen Hut bei diesem Gehölz ziehen“, heißt es in alten Büchern immer. Nicht nur wegen der mystischen Bewohner, allen voran die germanische Göttin Freya, die der Holunder beherbergt, sondern vor allem auch wegen des großen Nutzens – vom wirkkräftigen Tee aus den Blüten bis hin zur Jauche aus den Blättern, die gegen Wühlmäuse hilft, und natürlich den vitaminreichen Beeren im Herbst.

Außerdem steht jetzt der rote Klatschmohn (*Papaver rhoeas*) in voller Blüte und ist beispielsweise auf Brachflächen zu finden.

Im Frühsommer können unter anderem späte Karotten, Fisolen, Radicchio, Salate und Winterlauch gesät werden sowie Rote Beete für die Wintereinlagerung. In etwas kälteren Regionen ist die späte Aussaat der Roten Beete sowieso besser und bringt größere Knollen und höhere Erträge. Paprika, Paradeiser, Auberginen und Kürbisse können in den letzten Mai- und ersten Junitagen noch ausgepflanzt werden, genauso wie Brokkoli. Für Brokkoli und Winterkohl beginnt nun die Pflanzzeit. Zur Ernte stehen nun Salate, Spinat, Karotten, Kohlrabi, Spargel, Erdbeeren, Süßkirschen, die verschiedensten Kräuter und noch vieles mehr bereit.

Gemüse satt

Lauch, Knoblauch, Etagenzwiebel und viele Varianten der Gemüsezwiebel sind absolute Garten- und Küchenfavoriten. Alle haben eine Vorliebe: sonnige, humose, durchlässige Böden; darum stehen sie auch so gern bei den Karotten. Keinesfalls darf man Steckzwiebeln zu früh setzen und zu kalt aufbewahren, denn sonst meinen sie, es wäre schon Winter, und bilden keine Zwiebeln, sondern gleich Blüten.

Kohlrabi gehört bei uns im Garten zu den absoluten Favoriten und wird schon im März angepflanzt. Humose und gut mit Nährstoffen, z. B. Hornspänen, versorgte Erde sind die Basis für ein flottes Wachstum. Die ersten kleinen Knollen schmecken roh ganz zart und mild. Wichtig: Kohlrabi dürfen erst nach drei bis vier Jahren wieder an dieselbe Stelle im Garten gesetzt werden.

Foto © Wildbild/Freund

Foto © shutterstock.com/FMB

Karottenbeete lockere ich immer mit Sand auf. In die Saatrille dürfen die Samen nicht zu dicht gestreut werden. Es muss gut angegossen werden und später müssen zu dicht gesäte Bestände ausgedünnt werden. Sind schon ganz kleine Rüben dran, gut gewaschen mit den grünen Blättern in den Salat geben – köstlich!

Buschbohnen sind praktisch und gut, ich liebe aber besonders die Stangenbohnen. Nicht nur weil sie weniger Platz benötigen, sie sind einfach dekorativer. Die Bohnenstangen machen den Gemüsegarten zu einem richtigen Bauerngarten. Mein Favorit ist die Sorte 'Blauhilde'. Die blauen Schoten sehen dekorativ aus und werden beim Kochen grün. Mein Tipp: Fisolen ganz spät säen – bei mir erst Ende Mai. Nicht zu tief: „Sie sollen die Glocken läuten hören", heißt es.

GARTEN WISSEN

Ein besonders attraktives Gehölz, das für Aufsehen sorgt, ist momentan der Pfeifenstrauch (*Philadelphus coronarius*) oder Falsche Jasmin. Sein Duft ist betörend und die Blütenkaskaden sind Blickpunkte im Garten. Eine Sorte weckt durch ihren Duft beinahe kulinarische Begeisterung: 'Silberregen', auch bekannt als Erdbeerjasmin. Und mit dem Frühsommer beginnt sie ja auch, die Erdbeerernte – nicht nur die der kleinen köstlichen Wald- oder Monatserdbeeren, sondern auch die der saftigen Ananas-Erdbeeren. Besonders aromatisch ist die gute alte 'Mieze Schindler', die Neuzüchtung 'Mieze Nova' aber noch empfehlenswerter, denn sie ist selbstfruchtend und hat dabei den herrlichen Geschmack der Mutter behalten – eine köstliche Naschfrucht.

Foto © Wildbild/Freund

Frühstücksmuffins mit Spiegelei

Als Sportlerin achte ich sehr auf kalorienarme Kost. Bei einem Familienbrunch überraschte ich meine Familie deshalb einmal mit einem Low-Carb-Rezept: ganz besondere Frühstücksmuffins. Und weil da ein Spiegelei dazugehört, hatte die Mutter eine geniale Idee!

Zutaten

- 1 rote Zwiebel
- 1 rote Paprika
- 1 grüne Paprika
- 100 g Schinken
- 4 Eier
- 4 EL Wasser
- Salz, Pfeffer

Zubereitung

Den Backofen auf 175 °C Ober- und Unterhitze vorheizen. Die Zwiebel schälen, Paprika waschen, halbieren und putzen. Zwiebel, Paprika und Schinken kleinwürfelig schneiden.

Die Eier mit dem Wasser in einer Schüssel verquirlen und die klein geschnittenen Zutaten dazugeben. Mit Salz und Pfeffer abschmecken und in Muffinförmchen füllen. Etwa 20 Minuten im vorgeheizten Ofen backen.

Tipp von Mama

„Soll es ein Spiegelei dazugeben, je eine Scheibe vom grünen und roten Paprika in eine Pfanne legen und darin das Ei braten."

Foto © Wildbild/Freund

Foto © Wildbild/Freund

Tiramisu ohne Ei

Beim Geschmack von Tiramisu denke ich sofort an unseren letzten Familienurlaub in Italien zurück. Den herrlichen italienischen Spezialitäten konnten wir nicht widerstehen und das Tiramisu haben wir zu Hause gleich nachgekocht, allerdings nicht die typisch italienische Variante. Und ich muss zugeben: *Mi scusi*, liebe Italiener, das Tiramisu ohne Ei schmeckt fast noch besser.

Zutaten

- ¼ l Milch
- 1 Pck. Vanillepuddingpulver
- 200 g Mascarpone
- 50 g Kristallzucker
- Kaffee und etwas Rum
- 1 Pck. Biskotten (Löffelbiskuit)
- Beeren der Saison nach Belieben

Zubereitung

Milch mit dem Puddingpulver nach Packungsangaben kochen und erkalten lassen. Anschließend Mascarpone, Zucker und den kalten Vanillepudding mit dem Mixer verrühren.

Kaffee und Rum mischen und die Biskotten damit tränken. Dann abwechselnd mit dem Vanillepudding in eine Auflaufform schichten. Kühl stellen und mit Beeren servieren.

KÜCHENTIPP VON KAROLINE

Ist die Beerenernte besonders groß und es kann nicht alles vernascht und gleich verarbeitet werden, machen meine Mutter und ich gerne aus den übrig gebliebenen Beeren ein Mus, das wir in kleinen Portionen einfrieren. So werden auch in der kalten Herbst- oder Winterzeit hin und wieder die Erinnerungen an einen herrlichen Sommer wach. Dazu werden 450 g Beeren (z. B. Himbeeren und Erdbeeren) mit 250 g Gelierzucker 1:1 vermischt, das Ganze wird aufgekocht und später eingefroren.

Mini-Lachsrollen mit Dill-Topfen-Fülle

Zutaten

- 1 Pck. Blätterteig, aus dem Kühlregal
- 1 Ei
- 150 g Räucherlachs
- 100 g Topfen (Quark)
- 1 EL Dill, frisch gehackt
- Zitronensaft
- Salz

Zubereitung

Den Blätterteig in 2 cm breite Streifen schneiden, auf kleine Schaumrollenformen wickeln und mit einem verquirlten Ei bestreichen. Im Ofen bei 180 °C Heißluft goldgelb backen.

Für die Fülle den Lachs in kleine Stücke schneiden, mit dem Topfen verrühren. Die Masse pürieren und anschließend mit gehacktem Dill, Zitronensaft und Salz abschmecken.

Die Blätterteigrollen mit der Topfenmasse füllen und als Vorspeise servieren.

GARTENTIPP VON KARL

Nur wenige Kräuter sind so wählerisch wie der Dill. An manchen Stellen will er nicht wachsen. Ein Tipp einer erfahrenen Gärtnerin kommt da gerade recht: Dillsamen im Gemüsegarten einfach verstreuen – an einigen Stellen wird er kräftig wachsen, an anderen Stellen kümmern oder gar nicht aufgehen. Lässt man einige Pflanzen blühen und sich aussämen, hat man Jahr für Jahr frischen Dill im Garten.

Kleine Pizzen als Snack

Zutaten

Zutaten für den Teig:
- 650 g Pizzamehl, Type 405
- 400 ml kaltes Wasser
- 15 g frischer Germ (Hefe)
- 25 g Salz

Zutaten für den Belag:
- Paradeisersoße (nach Belieben), Pilze, Rucola, Oliven, Zwiebelringe, fein geschnittener Schinken, Mozzarellascheiben

Zubereitung

Den Backofen auf 250 °C vorheizen. Mehl in eine Schüssel geben und den in Wasser aufgelösten Germ und das Salz vermengen.

Den Teig auf einer bemehlten Arbeitsfläche glatt kneten. Eine Teigkugel formen und eine Stunde gehen lassen. Den aufgegangenen Teig in kleine Portionen teilen.

Die Teigstücke auseinanderdrücken, damit ein kleiner Rand entsteht. Die Stücke nach Belieben mit Paradeisersoße und den gewünschten Zutaten belegen. Im Backofen goldgelb backen.

Foto © Wildbild/Freund

Grafik © shutterstock.com/Vlada Young

GARTENTIPP VON KARL

Eine sehr würzige Raukenart ist der Schmalblättrige Doppelsame (*Diplotaxis tenuifolia*), eine Staude, die meist als Wilde Rauke angeboten wird. Sie hat besonders würzige, schmale Blätter und wächst im Staudenbeet genauso gut wie im Topf. Eine andere Art, die ebenfalls als Rauke angeboten wird, ist die einjährige Garten-Senfrauke (*Eruca vesicaria*). Sie gedeiht auch im Balkonkasten oder Kübel. Ausgesät wird sie von April bis September, nach etwa drei bis vier Wochen können die ersten Blätter geerntet werden.

Zucchini-Carpaccio

Zutaten

Zutaten für die Marinade:
- 1 unbehandelte Zitrone
- 50 g getrocknete, in Öl eingelegte Tomaten
- 2 EL Olivenöl
- Salz

Zutaten für das Carpaccio:
- 300 g Zucchini
- 200 g (Büffel-)Mozzarella
- 150 g Serrano- oder Parmaschinken, in Scheiben

Zum Garnieren:
- 1 Handvoll Basilikum
- 50 g Parmesanflocken
- Schwarzer Pfeffer

Zubereitung

Für die Marinade die Zitrone heiß waschen, trocken reiben und mit einem Zestenreißer beziehungsweise Fadenschneider feine Streifen davon abziehen. Die Zitrone anschließend halbieren und auspressen. Die Paradeiser in dünne Streifen schneiden. Zitronensaft mit etwas Paradeiseröl, Olivenöl und Salz verrühren.

Für das Carpacchio Zucchini waschen und in sehr dünne Scheiben hobeln. Mozzarella sehr dünn aufschneiden. Auf einer Platte abwechselnd und überlappend Zucchini-, Mozzarella- und Schinkenscheiben auslegen. Zitronenzesten und Tomatenstreifen darüber verteilen. Die Ölmarinade darüberträufeln.

Das Carpaccio mit einer Frischhaltefolie abdecken und etwa 1 Stunde ziehen lassen.

Vor dem Servieren das Carpaccio mit Basilikum, Parmesanflocken und schwarzem Pfeffer bestreuen.

KÜCHENTIPP VON KAROLINE

Die Zucchiniernte ist nun in vollem Gange. Damit dieses beliebte Kürbisgewächs in der Küche verarbeitet wird, hat mir eine meiner Tanten ein herrliches Rezept verraten: das Zucchini-Schinken-Carpaccio. Besonders an heißen Sommertagen ist dieses leichte Gericht eine vorzügliche Vorspeise. Die Zitrone in der Marinade gibt dem Ganzen einen besonders frischen und einzigartigen Geschmack.

Spargel-Tarte

Zutaten

- 750 g grüner Spargel
- 370 g glattes Mehl
- 250 g Magertopfen (Magerquark)
- 70 ml Olivenöl
- Meersalz
- 4 Eier
- 500 g Frischkäse
- ½ Bund Basilikum

Zubereitung

Den Backofen auf 200 °C vorheizen. Die holzigen Enden vom Spargel abschneiden, wenn nötig die Stangen schälen. Die Stangen in 3 cm lange Stücke schneiden.

Mehl in eine Schüssel sieben und mit dem Topfen, dem Olivenöl und Salz zu einem glatten Teig verrühren. Den Teig zwischen einer Frischhaltefolie ausrollen und auf ein mit Backpapier ausgelegtes Backblech geben. Mit einer Gabel einstechen und 10 Minuten backen.

Die Eier trennen. Frischkäse mit dem Dotter verrühren, das Eiweiß mit einer Prise Salz steif schlagen und unter die Frischkäse-Dotter-Mischung heben. Basilikum waschen, trocken schütteln, die Blättchen abzupfen, hacken und zur Mischung geben. Die Masse gleichmäßig auf dem Topfenteig verteilen, Spargelstücke drauflegen und leicht hineindrücken. 25 Minuten goldgelb backen.

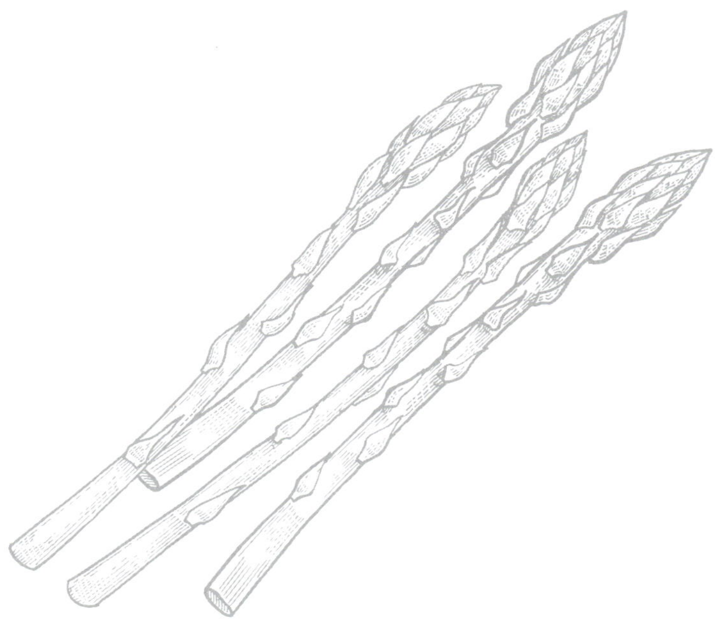

Foto © shutterstock.com/Zhukovskaya Elena

Der Hochsommer

Erfrischende Gurkensuppe Basilikum-Pesto **Heidelbeer-Frühstück**
Mangoldauflauf **Mozzarellataschlerln** Zucchiniröllchen
Schweinefilet mit Speckfisolen Marillen-Cremetorte

Mit den Johannisbeeren kommt der Hochsommer

Die Urlaubszeit beginnt! Im Hochsommer, der von Ende Juni bis Ende Juli herrscht, werden die Ribiseln (Johannisbeeren) reif und die Sonnenhungrigen sind unterwegs in Richtung Strand, Sand und Meer. Aber auch in heimatlichen Gefilden lässt sich der Sommer so richtig genießen, wenn glühend heiß die Sonne vom Himmel strahlt. Der Duft der Sommerlinde liegt in der Luft. Der Liegestuhl ist neben den Ribiseln platziert, deren Reife diese phänologische Jahreszeit einleiten. Wer rechtzeitig vorgesorgt hat, der muss nun wenig tun. Gießen, aufbinden und ernten – das ist für die Urlauber im Garten nun die Hauptbeschäftigung. Spielt das Wetter mit, dann kann man herrliche Tage im Garten verbringen. Erfrischende Kühle kommt aus dem Gartenschlauch und die Terrasse wird zur Sonnenbank.

Foto © Wildbild/Freund

Im Hochsommer können u. a. der letzte Kopfsalat, Pflücksalat, Mangold, Winterlauch, können Karotten und Kohlrabi ausgesät werden. Radicchio und Knollenfenchel wachsen, jetzt ausgesät, schnell und können noch vor den kalten Herbsttagen geerntet werden. Beim Ernten sind nun z. B. die Süßkirschen, letzten Erdbeeren und Spargel, Zuckererbsen, Blattmangold und die ersten Paradeiser und Heidelbeeren dran. Der Hochsommer ist auch die beste Zeit zum Kräutersammeln: Taubnessel, Thymian, Johanniskraut, Frauenmantel, Liebstöckel und Ringelblume sind nur einige davon.

Marillen-Hochzeit

Ein warmer, geschützter Platz und humoser, durchlässiger Boden, das sind die Gartenzutaten, die jedem Marillen baum zusagen, und die besten Voraussetzungen für eine üppige Ernte, die meist im Juli beginnt. Das ist auch der Grund, warum in Weinbauregionen seit jeher Aprikosen kultiviert werden. Doch auch in kühleren Gegenden steht der eigenen Ernte nichts im Weg. Sehr gut gedeiht das Edelobst vor einer wärmeabstrahlenden Hauswand, am besten am Spalier gezogen, oder im Garten an Plätzen, an denen sich keine kalte Luft stauen kann. Aprikosenbäume werden im Herbst gepflanzt, solange der Boden noch leicht erwärmt ist. Mindestens 8 Quadratmeter Platz müssen Sie für einen frei wachsenden Baum einrechnen. Ist der Garten groß genug, lohnt es sich, einen zweiten Baum zu pflanzen, denn obwohl viele Aprikosenbäume selbstfruchtbar sind, ist die Befruchtung mit einer zweiten Sorte doch besser. Problematisch beim Anbau im eigenen Garten sind Spätfröste, denn Aprikosen blühen schon im März. Eine gute Frosthärte und einen kompakten, schlanken Wuchs hat die Sorte 'Kioto', die mit knallrotorange gefärbten Früchten aufwartet. Auch die Sorte 'Orangered' kommt mit tieferen Temperaturen gut zurecht.

Blüte Im März beginnt die Aprikosenblüte und das große Zittern, ob tiefe Temperaturen die Ernte gefährden. Ein warmer, frostgeschützter Platz ist die beste Vorbeugung.

Ernte Geben die Früchte auf Druck leicht nach, sind sie voll ausgefärbt und verströmen einen köstlich aromatischen Duft, dann kann geerntet werden. Aprikosen reifen übrigens nicht nach und nach, sondern beinahe alle gleichzeitig.

Verarbeiten 10–20 Kilogramm Aprikosen können in einem guten Jahr von einem Baum geerntet werden. Zum Entsteinen wird die Frucht einfach an der Naht entlang aufgeschnitten.

GARTEN WISSEN

In diesen Tagen beginnt sich ein Störenfried im Garten breitzumachen: die Wespe. So lästig sie vom Frühstücks- über den Mittags- bis zum Abendtisch „mitnascht" und mit ihren Stichen gefährliche Allergien auslösen kann, so aktiv sind diese Tierchen bei der Schädlingsjagd. Mücken, Läuse, ja sogar kleine Raupen werden von den eifrigen Jägern in den Bau zur Aufzucht der Jungen gebracht. Abhalten kann man sie schwer. Gute Erfolge werden aber durch sogenannte „Wespinatoren" erzielt, papierähnliche Ballons, die einem Hornissenbau ähneln. Und weil Wespen sich vor Hornissen fürchten, meiden sie die Wespinatoren. Zusammengeknülltes graues Packpapier soll übrigens eine ähnliche Wirkung haben.

Foto © shutterstock.com/cdrin

Feigen – die neuen, ganz alten Gartenfrüchte

Es hat sich in den letzten Jahren etwas verändert. Waren Feigen früher nur in sehr milden Weinbaugegenden bei uns zu finden, so wachsen sie mittlerweile auch in raueren Gegenden. Denn einerseits wurden frostfestere Sorten gezüchtet und andererseits kommt der Klimawandel dieser Frucht zugute. Über den Anbau und die Pflege sollten Sie einiges wissen.

> Vor 11.000 Jahren wurden Feigen (**Ficus carica**) bereits verwendet. In jungsteinzeitlichen Siedlungen fand man versteinerte Früchte. Es gibt auch Hinweise, dass die Feigen schon mit Stecklingen vermehrt wurden. In Mitteleuropa waren es zuerst vor allem Klöster, die Feigenbäume kultivierten. Feigen gehören zu den Maulbeergewächsen, wie z. B. auch die Zimmerpflanze **Ficus benjamini**, die eng mit der Fruchtfeige verbunden ist.

Der Feigenbaum hat keine sichtbaren Blüten. Diese stecken in den kleinen Früchten. Es gibt darin männliche und weibliche Blüten. Die Feigengallwespe dringt durch ein winziges Loch am Ende der Frucht ein und sorgt für die Befruchtung. Da es diese Wespen bei uns nicht gibt, muss man selbstfruchtende Sorten wählen, um im Garten Früchte ernten zu können. Am bekanntesten ist bei uns die sogenannte Bayern-Feige 'Violetta'. In Wien-Simmering hat sich der Biofeigenhof (www.feigenhof.at) auf winterharte Feigen spezialisiert und mittlerweile 50 Sorten gefunden. Bis −20 °C ist beispielsweise die Sorte 'Ronde Bordeux' frostfest, die stark wüchsig ist, sich aber auch gut schneiden lässt und hervorragend schmeckt.

Feigen sollten zwei bis drei Jahre im Topf gezogen und frostfrei und dunkel überwintert werden, ehe man sie auspflanzt. Um den Wurzelballen zu schützen, kommen sie gut 10 Zentimeter tiefer in die Erde, als sie zuvor gestanden haben. Die Erde sollte humos und durchlässig und am besten kalkhaltig, aber nie staunass sein. Jährlich im Frühjahr und Sommer wird z. B. mit biologischem Tomatendünger gedüngt.

Sommer-, Herbst- und Winterfrüchte gibt es, je nach Sorte, an den Bäumen. Bei uns reifen allerdings meist nur Sommer- (Juni/Juli) und Herbstfrüchte (August/September) aus. Es gibt gelbe, grüne, rote und dunkelviolette bis schwarze Feigen. Die Früchte sind reif, wenn sie sich leicht vom Zweig lösen lassen. Sie reifen nicht nach.

In den ersten Jahren sollten Feigen im Topf kultiviert werden. Nach dem Auspflanzen sollte man im November einen etwa 1 Meter hohen Maschendraht um die Pflanze stellen und den Zwischenraum zwischen Draht und Pflanze mit Laub auffüllen. Obenauf wird mit Vlies und Holzbrettern abgedeckt. Entfernen Sie im Frühjahr dann alle abgestorbenen Äste.

Erfrischende Gurkensuppe

Zutaten

- 200 g geschälte und entkernte Salatgurken
- 250 g Joghurt
- 250 g Sauerrahm (saure Sahne)
- 100 ml Milch
- 2 EL frischer, gehackter Dill
- Salz, Pfeffer
- 1–2 Knoblauchzehen, nach Belieben

Zubereitung

Die Gurken schälen und entkernen, dann fein reiben. Mit Joghurt, Sauerrahm und Milch verrühren.

Den Dill waschen, trocken schütteln, fein hacken und unterheben. Mit Salz und Pfeffer abschmecken.

Die Knoblauchzehen schälen, pressen und die Suppe nach Belieben damit aromatisieren. Bis zum Verzehr kalt stellen.

Meine Notizen

Gartenwissen

Gurken gehören im Garten an die wärmste Stelle. Sie lieben aber, im Gegensatz zu den Paradeiser, feuchte Luft. Ist der Standort zu trocken, kommt es zu Spinnmilbenbefall. Gurken sind selbstunverträglich. Pflanzt man mehrere Jahre hintereinander Gurken an, kann es zur sogenannten Gurkenwelke kommen. Genau dann, wenn die Gurkenernte beginnt, welken plötzlich die Pflanzen über Nacht. Veredelte Gurken helfen hier wirklich Arbeit sparen, denn damit erübrigt sich z. B. in einem Gewächshaus der Erdaustausch. Bei den veredelten Gurken ist die Wurzel vom (robusten) Feigenblattkürbis, die Edelsorten sind auch hier wieder aufgepfropft. Aufpassen, dass der Wurzelballen nur zur Hälfte in die Erde kommt, denn treibt die Edelsorte Wurzeln, beginnt bereits wieder die Gefahr der Ansteckung durch die Welkekrankheit.

So köstlich alte Gurkensorten sind, neue Sorten haben große Vorteile: Jede Blüte trägt Früchte, es gibt kaum bittere Enden und man muss die Pflanzen auch nicht schneiden. Nur düngen gehört bei den Gurken dazu, denn sie brauchen viele Nährstoffe. Und für eine Dusche mit lauwarmem Wasser über die Blätter sind die Pflanzen höchst dankbar.

Foto © Wildbild/Freund

Basilikum-Pesto

Ein Pesto aus dem Supermarkt wird schnell im Vorbeigehen gekauft und steht auch für Notfälle in meinem Küchenschrank. Doch am besten schmeckt das selbst gemachte Pesto mit frischen Basilikumblättern aus dem eigenen Garten. Da weiß man auch, welche Zutaten wirklich für das Pesto verwendet wurden – und darauf lege ich sehr viel Wert.

Zutaten

- 100 g Pinienkerne oder geschälte Mandeln
- 4 Knoblauchzehen
- 100 g Basilikumblätter
- 50 g geriebener Parmesan
- 125 ml Olivenöl
- 1 Prise Salz

Foto © Wildbild/Freund

Zubereitung

Die Pinienkerne oder Mandeln in einer Pfanne ohne Öl rösten und abkühlen lassen. Die Knoblauchzehen schälen, Basilikumblätter waschen und abtropfen lassen.

Die Basilikumblätter mit Parmesan, Knoblauchzehen, Pinienkernen oder Mandeln und Olivenöl pürieren. Mit Salz nach Belieben abschmecken und in Gläser füllen.

Ein wichtiger Hinweis: Das Pesto sollte im Glas immer mit Olivenöl bedeckt werden, da es sonst schnell braun wird.

GARTENTIPP VON KARL

Basilikum hat einige Vorlieben und die beginnen schon bei der Aussaat. Die Samen dürfen nicht mit Erde bedeckt werden, denn sie sind sogenannte Lichtkeimer. Damit sie keimen, benötigen sie viel Wärme und später auch viel Sonnenlicht! Erst wenn die Temperaturen über 15–20 °C liegen, dürfen die Jungpflanzen ins Freie und müssen ab diesem Zeitpunkt regelmäßig mit organischem Dünger versorgt werden. Entfernen Sie im Laufe der Entwicklung die Blattspitzen, dann verzweigt sich das Kraut gut und es gibt eine reiche Ernte. Beste und würzigste Sorte ist das 'Genoveser Basilikum'.

Heidelbeer-Frühstück

Zutaten

- 60 g Haferflocken
- 150 ml Milch
- 1 TL Chiasamen
- 1 TL flüssiger Honig
- 130 g Heidelbeeren
- 1 Prise Zimt

Zubereitung

Die Haferflocken in Milch etwa 5 Minuten köcheln lassen. Die Chiasamen und den Honig unterrühren und noch 5 Minuten quellen lassen.

Die Heidelbeeren verlesen, waschen und abtropfen lassen. Den Brei in eine Schüssel füllen, die Heidelbeeren zugeben und mit Zimt garnieren.

Tipp von Mama
„Du kannst die Haferflocken auch in Wasser köcheln lassen."

Mangoldauflauf

Zutaten

- 400 g Mangoldblätter
- Salz
- 1 Ei
- 125 g Sauerrahm (saure Sahne)
- 1 EL Vollkornmehl
- 50 g geriebener Käse
- 1 kl. Knoblauchzehe
- Pfeffer, Muskat

Zubereitung

Die Mangoldblätter putzen, waschen und in gesalzenem Wasser kurz blanchieren. Anschließend kalt abschrecken und in kleine Streifen schneiden.

Das Ei trennen. Dotter und Sauerrahm mit Vollkornmehl und geriebenem Käse vermischen. Die Knoblauchzehe schälen, zerdrücken und unter die Masse ziehen.

Das Eiweiß steif schlagen und unterheben, zum Schluss die Mangoldblätter zugeben. Mit Salz, Pfeffer und geriebener Muskatnuss abschmecken.

Die Masse in eine gefettete und mit Semmelbröseln ausgestreute Form füllen und im vorgeheizten Backofen bei 180 °C goldbraun backen.

GARTENTIPP VON KARL

Die spinatähnliche Pflanze wird im Frühjahr entweder in Saatschalen oder direkt im Garten ausgesät. Später vereinzeln und ab und zu düngen. Mangold bildet dekorative farbige Stängel. Sie sind sowohl im Gemüse- oder Ziergarten als auch in Töpfen eine Zierde. Blätter und Stängel können in der Küche verwendet werden.

Mozzarellatascherln

Zutaten

- 1 Pck. TK-Blätterteig
- 4 Fleischtomaten
- 1 Pck. Mozzarella
- Salz, Pfeffer
- Kräuter, z. B. Basilikum, Schnittlauch
- 1 Ei zum Bestreichen

Zubereitung

Den Blätterteig nach Packungsangaben auftauen und in acht Rechtecke teilen. Die Paradeiser waschen und in Scheiben schneiden, den Mozzarella ebenfalls in Scheiben schneiden. Jedes Blätterteigstück mit Tomate und Mozzarella belegen, salzen und pfeffern.

Die Kräuter waschen, trocken schütteln, die Stängel entfernen, die Blätter hacken und über den Mozzarella streuen. Anschließend den Blätterteig zu Täschchen falten und mit verquirltem Ei bestreichen. Im Backofen bei 180 °C goldbraun backen.

KÜCHENTIPP VON KAROLINE

Bei hochsommerlichen Temperaturen reichen für mich oft kleine, leichte Mahlzeiten zwischendurch. Dafür eignen sich besonders die Mozzarellatascherln. Ich habe sie gemeinsam mit meiner besten Freundin ausprobiert. Serviert mit einem frischen Salat aus dem eigenen Garten werden diese Tascherln zum perfekten Sommergericht.

Zucchiniröllchen

Zutaten

- 2 getrocknete Paradeiser (Tomaten)
- 1 Knoblauchzehe
- 1 Handvoll Basilikum
- 150 g Mozzarella
- 5 EL geriebener Parmesan
- 6 EL Olivenöl
- Salz, Pfeffer
- Getrockneter Oregano, nach Belieben
- 500 g Zucchini
- 2 EL Semmelbrösel
- Butterflöckchen

Zubereitung

Für die Fülle Paradeiser klein würfeln, Basilikum waschen, trocken schütteln und in kleine Streifen schneiden, den Mozzarella würfeln und alles miteinander vermischen. 2 EL Parmesan, 2 EL Olivenöl dazugeben und mit Salz, Pfeffer und Oregano abschmecken. Die Masse etwas ziehen lassen.

Die Zucchini waschen und ungeschält der Länge nach in breite, möglichst dünne Scheiben schneiden und salzen. Mit Küchenpapier abtupfen, im restlichen Olivenöl von beiden Seiten anbraten und auf einem Küchenpapier abtropfen lassen. Mit geriebenem Pfeffer bestreuen.

Die Mozzarellamasse auf den Zucchinistreifen verteilen und zu kleinen Röllchen drehen. In eine leicht gefettete Auflaufform geben, den restlichen Parmesan, die Semmelbrösel und vereinzelt Butterflöckchen drüberstreuen. Im vorgeheizten Backofen bei 220 °C etwa 8 Minuten überbacken und servieren.

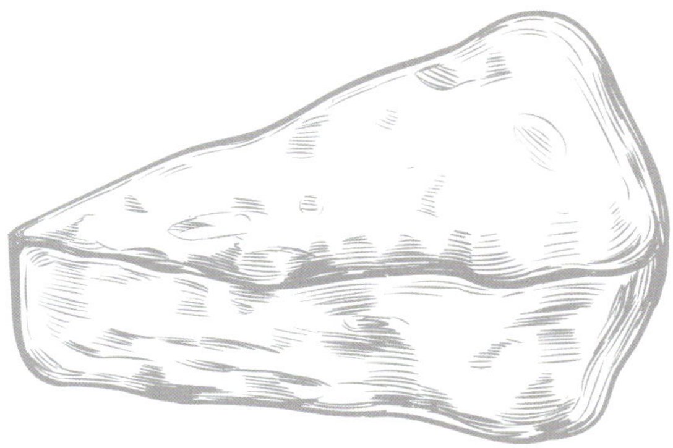

Schweinefilet mit Speckfisolen

Zutaten

- 1 Schweinefilet
- Salz, Pfeffer
- Etwas Senf
- Pflanzenöl zum Braten
- 1 Schuss Kognak
- 125 g Schlagobers (Schlagsahne)
- 150 g Fisolen (grüne Bohnen)
- 150 g Schinkenspeck, in Streifen

Zubereitung

Das Schweinefilet in ca. 2 cm dicke Scheiben schneiden, salzen, pfeffern und mit Senf bestreichen. In einer Pfanne Öl erhitzen und die Schweinefiletscheiben auf beiden Seiten anbraten.

Anschließend mit einem Schuss Kognak ablöschen, mit Schlagobers aufkochen und mit Salz und Pfeffer nach Belieben abschmecken. Anschließend warm stellen.

Die Fisolen putzen, waschen und in kochendem Wasser bissfest garen, dann abseihen. Jeweils vier Fisolen mit Schinkenstreifen umwickeln und in der Pfanne knusprig braten.

KÜCHENTIPP VON KAROLINE

Dazu eignen sich als Beilage Rosmarin-Erdäpfel. Waschen Sie acht Erdäpfel (Kartoffeln), dann schälen und in Spalten schneiden. Mit klein geschnittenen frischen Rosmarinnadeln und Olivenöl vermischen und auf ein mit Backpapier ausgelegtes Backblech geben. Etwa 20 Minuten bei 200 °C im Backofen goldbraun backen.

Marillen-Cremetorte

Zutaten

Zutaten für den Teig:

- 4 Eier
- 100 g Staubzucker (Puderzucker)
- 80 g Butter
- 80 g Kochschokolade
- 20 g Semmelbrösel
- Eventuell etwas Rum
- 80 g geriebene Mandeln

Für die Creme:

- 30 g Staubzucker (Puderzucker)
- 130 g Marillenmarmelade (Aprikosenmarmelade)
- 3 Blatt Gelatine
- 250 g Schlagobers (Schlagsahne)
- Schokoflocken zum Bestreuen

Zubereitung

Die Eier trennen, die Dotter mit Butter und 80 g Staubzucker verrühren. Die Schokolade im Wasserbad schmelzen und mit der Dottermasse schaumig rühren.

Die Eiweiße mit dem restlichen Staubzucker zu einem steifen Schnee schlagen und anschließend Semmelbrösel, etwas Rum und die Mandeln unter die Masse rühren. Den Teig in eine gefettete und bemehlte Tortenform geben und bei 180 °C Heißluft ca. 30 Minuten backen. Den fertigen Tortenboden aus der Form stürzen und erkalten lassen.

Für die Marillencreme Staubzucker und Marillenmarmelade glatt rühren und die nach Packungsangaben aufgelöste Gelatine einrühren. Das Schlagobers steif schlagen und unterheben. Um den Tortenboden einen Tortenreifen legen und den Boden dann mit der Creme bestreichen. Die Oberfläche mit Schokoflocken bestreuen und kühl stellen.

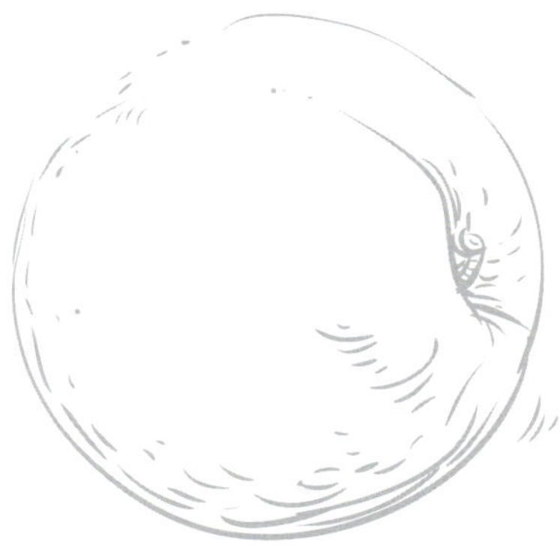

Foto © shutterstock.com/Mariusz S Jurgielewicz

Der Spätsommer

Hühnerbrüstchen mit Zoodles Buttermilchnockerln mit Beerenmus
Zucchinilaibchen Lauchstrudel **Brokkolipfanne**
Gratinierter Karfiol **Mangold-Kräuter-Tascherln**
Kürbiscurry

Januar Februar März April Mai Juni Juli August September Oktober November Dezember

Der Klarapfel läutet den Spätsommer ein

Diese phänologische Jahreszeit kommt eigentlich immer ein bisschen zu früh. Kaum hat man sich so richtig an das sommerliche Leben gewöhnt und die Blüten und Früchte auf dem Balkon, der Terrasse und im Garten genossen, sind sie auch schon reif – die Kläräpfel. Zwar köstlich, aber: die Zeigerpflanze für den Spätsommer, der nur kurz verweilt, nämlich von Anfang bis Ende August. Von nun an geht's bergab ... Doch das ist kein Grund, um traurig zu sein. Die bevorstehenden Wochen sind die genussreichsten im Garten. Der Gemüsegarten liefert Vitamine in Hülle und Fülle, Berge von Paradeiser, die nun als Mark den Sommer in Gläsern aufbewahren. Brombeeren kann man Tag für Tag ernten und beim Obst sind neben den Kläräpfeln die ersten Pflaumen reif. Die Nächte werden kühler und viele einjährige Pflanzen beginnen nun wieder kräftig zu blühen – wenn man sie ausreichend gießt und düngt.

Foto © Wildbild/Freund

Karotten, Salate, Paprika, Fisolen, Kohl, Fenchel und Paradeiser stehen zur Ernte bereit, zudem sind Brombeeren, Stachelbeeren, Himbeeren, Johannisbeeren und viele andere an den Sträuchern herangereift. Auch bei den Obstbäumen wie Apfel, Birne, Pflaume und Quitte beginnt die Erntesaison. Wann welche Früchte tatsächlich reifen, das ist auch von der Sorte abhängig. Bei beinahe jeder Obstart gibt es früh-, mittel- und spätreifende Sorten. Die ersten Johannisbeeren reifen im Hochsommer, bis in den Spätsommer hinein können späte Sorten aber noch geerntet werden.

Beerenträume im Topf

Beeren sind sehr beliebt, doch nicht jeder hat einen großen Garten, um Himbeeren, Brombeeren und all die anderen Leckereien anbauen zu können. Das ist aber nicht tragisch, denn es gibt viele empfehlenswerte Sorten, die im Topf ausgezeichnet gedeihen.

Die Erdbeersaison ist zwar schon vorbei, aber jetzt werden neue Erdbeeren gepflanzt. Hängeerdbeeren in Ampeln gesetzt, lassen einem die Früchte direkt in den Mund wachsen. Verschiedene Sorten – beispielsweise 'Elan' – bilden viele Ausläufer, an denen sich dann rasch Blüten und Früchte bilden. Genauso lassen sich diese Erdbeeren aber auch in Kästen pflanzen. Köstlich, aber wirklich nur zum Naschen oder für kleine Desserts, sind Monats- oder Walderdbeeren. Im August werden neue Pflanzen gesetzt und alte Erdbeeren mit Kompost oder organischem Dünger versorgt, denn da setzen sie bereits die Blüten fürs nächste Jahr an.

Nicht fehlen dürfen im Topfgarten die Himbeeren. Vor allem Herbsthimbeeren wie die Sorte 'Autumn Bliss' sind besonders robust, blühen an den einjährigen Trieben und können nach der Ernte bis zum Frost komplett zurückgeschnitten werden. So lassen sich die Töpfe – 40–60 Zentimeter Durchmesser reichen für eine bis drei Pflanzen – auch gut verpacken und überwintern. Düngen Sie im Frühjahr mit Hornspänen.

Brombeeren gedeihen in 50-Zentimeter-Töpfen und liefern vor allem im Spätsommer köstliche Früchte. Die beste, säulenförmig zu ziehende Sorte ist 'Navaho'. Die Triebe des heurigen Jahres an einem Stab hochbinden, sie blühen dann im kommenden Jahr. Sind sie abgeerntet, wird der Ast bodeneben abgeschnitten.

Foto © Wildbild/Freund

Erst in den letzten Jahren ist die Heidelbeere so richtig zur Genussfrucht geworden. Eine sehr gute Sorte ist 'Blue Crop', sie blüht nicht zu früh und die Ernte setzt rasch ein. Einzige Vorliebe dieser Pflanze: eine saure, also kalkfreie Erde. Hier darf nicht in normale Blumenerde gepflanzt werden, die Sträucher würden gelbe Blätter bekommen und dahinkümmern. Rhododendronerde oder Laub-Erde-Kompost (Walderde) sind ideal. Ganz wichtig: Jedes Jahr mit organischem Rhododendrondünger versorgen. Als Topfgröße sind 60 Zentimeter für zwei Pflanzen genau richtig.

GARTEN WISSEN

Im Ziergarten ist im Spätsommer die Zeit der beiden „Pflanzenlager“: Die einen müssen noch gedüngt werden, die anderen sind schon auf herbstlicher Diät. Alle Balkonblumen, wie beispielsweise die Surfinien, benötigen nun viel Zuwendung in Form von flüssigem organischen Dünger. Dann blühen sie wieder kräftig und werden auch nicht krank. Gehölze dürfen aber keinesfalls mehr mit Nährstoffen versorgt werden, sonst würden sie zu stark wachsen und die Triebe nicht frostfest werden.

Foto © Wildbild/Freund

Hühnerbrüstchen mit Zoodles

In den Sommerferien nutze ich besonders am Vormittag die Zeit, um am See entlang eine Runde laufen zu gehen. Nach dem Sport freue ich mich auf ein gesundes Mittagessen. Die Hühnerbrüstchen sind ein guter Proteinlieferant, und die Zoodles – das sind Zucchininudeln – sind kalorien- und kohlenhydratarm.

Zutaten

- 4 ausgelöste Hühnerbrüstchen
- Salz, Pfeffer
- 1 Handvoll Rosmarinnadeln
- 1 große Zucchini

Zubereitung

Den Backofen auf 170 °C vorheizen. Die Hühnerbrüstchen salzen, pfeffern und in einer Pfanne scharf anbraten. Mit frischem Rosmarin bestreuen und im Backofen etwa 10 Minuten garen.

Für die Zoodles die Zucchini waschen und am besten mit einem Spiralschneider in lange dünne Streifen schneiden. In Salzwasser etwa 3 Minuten kochen. Anschließend abseihen und salzen. Als Beilage zu den Hühnerbrüstchen servieren.

Meine Notizen

GARTENTIPP VON KARL

Besonders wuchskräftige Rosmarinpflanzen lassen sich durch sogenannte Stecklinge vermehren. Dazu etwa 5 Zentimeter lange Triebspitzen abschneiden und die untersten Blätter (Nadeln) entfernen. Die Triebspitzen nun in eine sehr sandige Aussaaterde stecken. Warm, aber schattig aufstellen und mit einer Plastikhaube vor dem Austrocknen schützen. Im Zimmer auf der Fensterbank den Winter über kultivieren und erst im Frühjahr in den endgültigen Topf setzen.

Foto © Wildbild/Freund

Buttermilchnockerln mit Beerenmus

Zutaten

- 3 Blatt Gelatine
- ¼ l Buttermilch
- 80 g Staubzucker (Puderzucker)
- Saft einer halben Zitrone
- 250 g Schlagobers (Schlagsahne)
- 100 g Himbeeren
- Zucker je nach Geschmack
- ½ Pck. Vanillepuddingpulver

Meine Notizen

Zubereitung

Gelatine in wenig kaltem Wasser einweichen. Buttermilch, Staubzucker und Zitronensaft verrühren. Die in etwas Wasser aufgelöste Gelatine unter die Buttermilchmasse rühren. Das Schlagobers schlagen und unterheben und die Masse im Kühlschrank erkalten lassen. Mit einem Löffel Nockerln ausstechen.

Für das Himbeermus die Himbeeren putzen, waschen, in wenig Wasser aufkochen und mit Zucker abschmecken. Das Puddingpulver mit etwas Wasser in einer Tasse verrühren und in die kochende Beerenmasse gießen. Alles kurz aufkochen lassen, vom Herd nehmen und erkalten lassen. Zu den Nockerln passt neben dem Himbeer- z. B. auch Marillenmus.

Tipp von Mama

„Verrühre zuerst die aufgelöste Gelatine in einer Tasse mit etwas Buttermilchmasse, anschließend in die komplette Mischung einrühren – so entstehen keine Klumpen. Wenn sich die Gelatine nicht richtig auflöst, entstehen Fäden in der Creme."

Gartenwissen

Himbeeren sind ein bisschen wählerisch, was den Boden und die Pflege angeht. In der Natur wächst *Rubus idaeus*, so der lateinische Name, an Waldrändern, auf Lichtungen und in kleinen Gräben, wo sich Laub und Streu sammeln. Für die Kultivierung im Garten bedeutet das: Himbeeren lieben humose, tiefgründige Böden, brauchen konstante Feuchtigkeit, ausreichend Sonne und sind dankbar für eine Mulchschicht um die Wurzeln herum. Das feine Wurzelwerk ist empfindlich und leidet unter Staunässe.

Gepflanzt werden Himbeerstecklinge oder -steckhölzer am besten während der Vegetationsruhe, getopfte Jungpflanzen aus dem Fachhandel kommen dagegen erst im Frühjahr nach den letzten Frösten ins Beet. Organischer Dünger in Form von Kompost oder Gartenschnitt sollte jährlich um die Pflanzen herum ausgebracht werden. Er liefert Nährstoffe und unterdrückt zugleich konkurrierende Beikräuter.

Viele Gärtnerinnen und Gärtner möchten vor allem wissen, wie das mit dem Rückschnitt funktioniert. Bei Sommerhimbeeren sollten Sie übers Jahr immer wieder überzählige Jungruten entfernen; es sollten nur 15 bis 20 Ruten pro laufendem Meter stehen. Im Herbst werden die alten Triebe entfernt, die Jungruten bleiben stehen. Herbsthimbeeren sind einfacher im Schnitt. Sie werden nach der Ernte komplett zurückgeschnitten und treiben im nächsten Jahr wieder aus.

Zucchinilaibchen

Zutaten

- 800 g Zucchini
- Salz
- 200 g Mehl
- 200 g Grieß
- 1 EL gehackte Kräuter, z. B. Dill, Schnittlauch
- 2 Eier
- Pfeffer
- Semmelbrösel

Zubereitung

Die Zucchini putzen, waschen, reiben, salzen und anschließend fest ausdrücken. Mehl, Grieß, Kräuter und Eier mit der Zucchinimasse vermischen und mit Salz und Pfeffer abschmecken.

Aus der Masse Laibchen formen, in Semmelbrösel wenden und in der Pfanne goldbraun braten. Am besten mit einer Kräutersoße servieren.

GARTENTIPP VON KARL

Aus zu groß gewordenen Früchten können Samen geerntet werden. Hybridsorten, die mit dem Zusatz F1 auf den Samenpackungen gekennzeichnet sind, sind dafür nicht geeignet, denn zum einen werden sich nur wenige Pflanzen aus den Körnern entwickeln und diese zum anderen keine Früchte ausbilden. Bei sogenannten samenfesten Sorten ist das anders. Sie sollten aber nur dann vermehrt werden, wenn in der Umgebung nirgends Zierkürbisse standen. Eine Befruchtung führt nämlich zu bitteren und damit giftigen Früchten.

Lauchstrudel

Zutaten

- 500 g Lauch
- 300 g Schinken
- 1 EL Olivenöl
- Salz, Pfeffer
- Muskatnuss
- 125 g Crème fraîche
- 20 g geriebener Käse
- 1 Pck. Strudelteig
- Sesam zum Bestreuen
- 1 Dotter zum Bestreichen

Zubereitung

Den Lauch putzen, waschen und in Ringe schneiden. Schinken in Streifen schneiden und in Olivenöl kurz anrösten. Dann den Lauch dazugeben und ca. 5 Minuten mitdünsten.

Mit Salz, Pfeffer und Muskatnuss nach Belieben abschmecken und nach dem Abkühlen mit Crème fraîche und dem geriebenen Käse vermischen. Die Füllung auf den Strudelteig streichen, einrollen, mit Dotter bestreichen, mit Sesam bestreuen und im Backofen bei 200 °C 30 Minuten goldgelb backen.

Meine Notizen

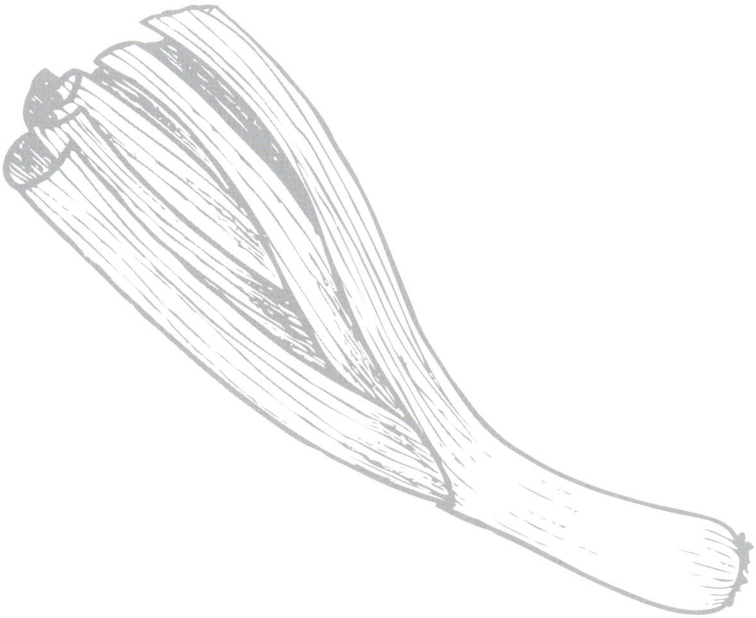

KÜCHENTIPP VON KAROLINE

Der Lauch kann als Gemüse auf verschiedene Arten verwendet werden – einerseits im Salat, andererseits auch mit Karotten und Sellerie als sogenanntes „Suppengrün“. Ob im Kräuterdip, mit gemischtem Salat oder Süßkartoffelpüree – dieser Lauchstrudel lässt sich mit Beilagen bestens variieren. Für ein Süßkartoffelpüree ganz einfach Süßkartoffeln säubern, waschen, weich kochen, schälen und zerstampfen oder pürieren und mit Salz, Pfeffer und geriebener Muskatnuss abschmecken.

Brokkolipfanne

Zutaten

- 400 g Brokkoli
- 100 g Karotten
- 4 Putenschnitzel
- Salz, Pfeffer
- 1 EL Speisestärke
- 4 EL Öl
- 2 Knoblauchzehen
- 1 Prise Zucker
- 125 ml Fleischbrühe
- 3 EL Sojasoße

Zubereitung

Brokkoli waschen und in Röschen zerteilen. Karotten waschen, putzen und in Streifen schneiden. Fleisch salzen, pfeffern, ebenfalls in kleine Streifen schneiden und mit der Speisestärke vermengen.

Nun das Öl erhitzen, das Fleisch beidseitig anbraten und warm stellen. Brokkoli und Karotten in Fett anbraten. Die Knoblauchzehen zerdrücken, mit dem Zucker, der Fleischbrühe und der Sojasoße zum Pfannengemüse geben und das Gemüse köcheln lassen. Zum Schluss das gebratene Fleisch zufügen und nochmals abschmecken.

KÜCHENTIPP VON KAROLINE

Bei einem intelligenten, faulen Gärtner muss das Kochen auch mittags manchmal etwas schneller gehen, es soll aber trotzdem etwas Gesundes geben. Wenn also mein Vater zu Hause den Kochlöffel schwingt, überrascht er meine Mutter und mich meist mit einer herrlichen Brokkolipfanne. Brokkoli ist ein ideales Gemüse für das schnelle Garen. Er schmeckt auch mit Käse überbacken sehr gut.

Gratinierter Karfiol

Zutaten

- 1 Karfiol (Blumenkohl)
- Salz
- 1 Prise Zucker
- Etwas Milch
- 150 g Schinken
- Semmelbrösel
- Geriebener Käse

Für die Käsesoße:

- 40 g Butter
- 30 g Mehl
- ¼ l Milch
- 40 g Parmesan
- Muskatnuss
- Suppenwürze, nach Belieben

Zubereitung

Den Karfiol putzen, waschen, in kleine Röschen teilen und in kochendes Salzwasser geben. Zucker und einen Schuss Milch in das Kochwasser geben und den Karfiol darin etwa 7–10 Minuten kochen lassen, danach abseihen. Den Schinken in kleine Streifen schneiden.

Für die Käsesoße Butter zerlassen, das Mehl einrühren und mit Milch aufgießen. Unter Rühren zum Kochen bringen. Den Parmesan dazugeben und mit Salz, Muskat und Suppenwürze abschmecken.

Eine Auflaufform ausfetten, den gekochten Karfiol hineingeben und den klein geschnittenen Schinken darüberlegen. Den Karfiol mit der Käsesoße übergießen, mit Semmelbröseln und geriebenem Käse bestreuen und im Backofen ca. 30 Minuten bei 180 °C goldbraun backen.

GARTENTIPP VON KARL

Der Karfiol (Blumenkohl) gehört zu den Kohlgewächsen und benötigt sehr viele Nährstoffe. Gepflanzt werden darf erst nach fünf bis sieben Jahren an dieselbe Stelle. Ansonsten können sich Krankheiten und Schädlinge breitmachen. Besonders die Kohlhernie, eine Wucherung an den Wurzeln, sorgt für große Probleme. Übrigens: Karfiol gibt es nicht nur in der traditionellen weißen Form, sondern auch in Violett.

Mangold-Kräuter-Tascherln

Zutaten

- 70 g Zwiebel
- 150 g Schinken
- Öl
- 250 g Topfen (Quark)
- Je 1 EL gehackte Petersilie, Schnittlauch, Thymian
- Salz, Pfeffer
- 300 g Mangold
- 1 Pck. Blätterteig, aus dem Kühlregal
- 1 Ei

Zubereitung

Den Backofen auf 180 °C vorheizen. Die Zwiebeln schälen, hacken, den Schinken klein schneiden und gemeinsam mit der Zwiebel in wenig Öl kurz anrösten, würzen und abkühlen lassen.

Den Topfen mit den frischen Kräutern aus dem Garten vermischen und mit Salz und Pfeffer abschmecken. Das Schinken-Zwiebel-Gemisch mit dem Kräutertopfen vermischen. Den Mangold putzen, waschen, blanchieren, auskühlen lassen und klein schneiden. Mit der Topfenmasse vermischen.

Den Blätterteig ausrollen, Kreise mit ca. 10 cm Durchmesser ausstechen. Das Ei verquirlen und die Ränder damit bestreichen. In die Mitte jeweils einen Teelöffel der Mangold-Topfen-Masse setzen. Danach zu Tascherln zusammenklappen, den Rand mit einer Gabel festdrücken und mit verquirltem Ei bestreichen. Im vorgeheizten Backofen ca. 20 Minuten backen.

KÜCHENTIPP VON KAROLINE

Zu meinen Schulzeiten war es üblich, am Geburtstag eine kleine Nascherei für die Mitschüler mitzubringen. Meistens war das ein Kuchen, aber warum sollte es nicht auch einmal etwas Herzhaftes sein? Ideal zum Transportieren und zum Essen sind die Mangold-Kräuter-Tascherln, die seit jeher bei Geburtstagsfeiern gebacken werden.

Kürbiscurry

Zutaten

- ½ Hokkaido-Kürbis
- ½ Stange Lauch
- 1 EL Olivenöl
- 2 Knoblauchzehen
- 1–2 Chilischoten, nach Belieben
- 2 TL Currypulver
- ¼ l Gemüsebrühe
- Salz, Pfeffer

Zubereitung

Den Kürbis schälen und klein würfeln. Den Lauch putzen, in feine Ringe schneiden und in Öl anbraten.

Knoblauch schälen und fein hacken, die Chilischoten waschen, abtrocknen, halbieren und die Kerne entfernen. Knoblauch, Chili sowie das Currypulver zum Lauch geben und kurz mitdünsten. Anschließend den Kürbis dazugeben und mit der Gemüsebrühe aufgießen.

Das Ganze zugedeckt etwa 20 Minuten dünsten lassen. Mit Salz und Pfeffer abschmecken. Dazu passt Basmatireis.

Meine Notizen

Foto © Wildbild/Freund

Tipp von Mama
„Entferne bei den Chilischoten am besten die Kerne, sonst wird das Gericht sehr scharf."

Der Frühherbst

Cremige Erbsensuppe Hühnchen-Wraps **Zwetschkenfleck**
Gebratene Hühnerbrust mit Lauch und Karotten
Kürbiscremesuppe Truthahn „Förster Art“ **Paradeisersuppe**
Zwetschkenkuchen

Holunderbeeren – die Boten des Herbstes

Man riecht es schon beim Hinausgehen in den Garten: Es duftet nach Herbst. Nebelfelder am Morgen, aber doch noch kräftiger Sonnenschein tagsüber prägen diese Jahreszeit. Der Frühherbst währt nur kurz, nämlich von Anfang bis Mitte September. Als Zeigerpflanzen für den Einzug dieser phänologischen Jahreszeit dienen der jetzt reifende Holunder und die blühenden Herbstzeitlosen. In den Wäldern ist längst die Zeit zum Schwammerlsammeln gekommen, aber auch im Garten riecht nun alles ein wenig anders. War es regnerisch, beginnen Pflanzenteile bereits zu verrotten, da und dort fallen schon erste Blätter ab – vor allem in einem trockenen Herbst. Die Bäume sparen durch den Blattabwurf Kraft und bauen Nährstoffe aus dem Laub ab, wenn sie wegen des fehlenden Niederschlags keine aus dem Boden holen können. Reif werden nun auch die Zwetschken – in Kombination mit Holunder ergeben sie einen typischen Herbstkompott.

Foto © Wildbild/Freund

Im Garten stehen jetzt unter anderem Spätkartoffeln, Salate, späte Karotten, Lauch, Kohl, Fisolen, späte Erbsen, Fruchtgemüse, Kürbisse und Zuckermais zum Ernten bereit. Der Herbst ist aber vor allem auch die Jahreszeit der Obsternte. Äpfel, Birnen, Herbsthimbeeren und Brombeeren können vom Baum genascht oder zu Marmelade, Kompott und vielem mehr verarbeitet werden. An warmen Tagen können Sie auch Küchenkräuter wie Thymian und Bergbohnenkraut schneiden und für den Wintervorrat trocknen.

Foto © Wildbild/Freund

Zwetschken und Pflaumen

Zwetschken und Pflaumen zählen zu den Steinfrüchten, während sich Zwetschken aber leicht vom Stein lösen und sich deshalb bestens zum Backen eignen, haben Pflaumen ein weiches Fruchtfleisch, sind nur mühsam vom Stein zu trennen, aber ideal für Kompott und zum Naschen. Im Garten bevorzugen Zwetschkenbäume feuchte Standorte, trockene mögen sie dagegen gar nicht. Alte Bauern vertraten früher die Meinung, dass ein Zwetschkenbaum zwei- bis dreimal umgepflanzt werden muss, damit er wirklich gut trägt. Im Garten wird man das wahrscheinlich nicht praktizieren, bestimmte Schnittmaßnahmen sind dagegen sehr empfehlenswert. Wichtig ist ein Schnitt in der Jugendphase und dann immer in den ersten Monaten des Jahres. Bei mehrmaligen Ernteausfällen durch Pilzbefall (Monilia) lohnt es sich, mehrmals mit Schachtelhalmextrakt zu sprühen.

Beizkraut wächst, wo es will

Beizkraut („Boazkraut") wird das Einjährige oder Sommer-Bohnenkraut (*Satureja hortensis*) in manchen Gegenden genannt und vor allem in alten Bauerngärten gern angebaut beziehungsweise geerntet. Angebaut oder besser ausgesät muss es nur einmal werden, dann sät sich das aromatische Kraut Jahr für Jahr selbst aus. Oft bleibt es bis in den Spätsommer stehen, vertrocknet dann nach dem Abblühen und streut seine Samen aus, die am liebsten auf trockenen, sandigen Böden keimen. Man lässt immer ein paar Pflanzen für die Selbstaussaat stehen, das übrige Bohnenkraut wird aber vor dem Aufblühen geschnitten und zum Trocknen in den Schatten gehängt. In dieser Zeit ist es am aromatischsten und wird nicht umsonst auch als Pfefferkraut bezeichnet. Es wächst im Garten, gedeiht aber auch im Topf auf dem Balkon.

Als Winter- oder Berg-Bohnenkraut ist die nahe Verwandte *Satureja montana* bekannt. Sie wächst als Staude, wird etwas höher und verträgt Kälte sehr gut.

GARTEN WISSEN

Der September ist die Zeit, in der die bei Gärtnern wenig beliebte große Braune Wegschnecke ihre Eier ablegt. Die Tiere legen ihre Gelege in Erdlöcher und Ritzen, unter morsches Holz und Laubdecken. Halten Sie Ihren Gartenboden locker, vor allem schwerer Boden muss gut bearbeitet werden, um solche Ablagestellen zu verhindern. Bodenbearbeitung ist eine wichtige Maßnahme, um Schnecken keine Möglichkeit der Eiablage zu bieten. Sammeln Sie so viele Schnecken wie möglich vor der Eiablage ab und zerstören Sie sichtbare Eigelege. Das Gartenjahr über können Schnecken von empfindlichen Kulturen mit grob gehäckseltem Schilf und Holzhäcksel, die in dichten Reihen rund um die Beete gelegt werden, abgehalten werden.

Foto © Wildbild/Freund

Cremige Erbsensuppe

Zutaten

- ½ Zwiebel
- 30 g Butter
- ¾ l Hühnerbrühe
- 400 g Erbsen
- 125 g Schlagobers (Schlagsahne)
- Salz, Pfeffer
- Eine Handvoll Schnittlauch

Zubereitung

Die Zwiebel schälen, klein schneiden und in Butter anschwitzen. Danach mit Hühnerbrühe aufgießen, die Erbsen zugeben und ca. 10 Min. köcheln lassen. Anschließend die Masse pürieren und das Schlagobers einrühren. Mit Salz und Pfeffer abschmecken und mit klein geschnittenem Schnittlauch vor dem Servieren bestreuen.

Tipp von Mama

„Wenn es keine späten Erbsen mehr im Garten gibt, dann verwendest du einfach eingefrorene vom Sommer. Sie können wie frische Erbsen verwendet werden."

Gartenwissen

Kaum ein Gemüse schmeckt so süß wie Erbsen, und praktisch sind die Himmelsstürmer auch noch: Sie winden sich an Spalieren, Gittern und Haselnussstecken empor und können sehr rückenschonend geerntet werden. Erbsen sind eigentlich ein typisches Sommergemüse, späte Aussaaten im Juli bringen aber noch reife Hülsen im Frühherbst, und die schmecken in Karolines cremiger Erbsensuppe richtig gut.

Bei der Auswahl gilt es, sich für Pal- oder Markerbsen zu entscheiden: Pal- oder Schalerbsen sind nicht ganz so süß, können aber schon früh im Jahr, nämlich ab März, ausgesät werden, weil sie niedrige Temperaturen gut überstehen. Klassische Sorten sind 'Allerfrüheste Mai' und 'Kleine Rheinländerin'. Die Ernte erfolgt dann etwa zwei Monate später. Die süß schmeckenden Markerbsen kommen erst ab Mitte April ins Freie. Als spätreifende Sorte ist 'Aldermann' empfehlenswert.

Foto © Wildbild/Freund

Hühnchen-Wraps

Fast jedes Wochenende gehe ich mit meinem Vater eine Runde laufen. So halten wir uns fit und können auch den aufgestauten Stress der Woche abbauen. Nach dieser Joggingrunde steht natürlich eine gesunde und leichte Mahlzeit auf dem Speiseplan. Zu unseren absoluten Favoriten zählen die Hühnchen-Wraps, die mit beliebigen Gemüsesorten gefüllt werden können – je nachdem, was noch im Gemüsegarten wächst.

Zutaten

- 4 Eier
- 4 Eiweiß
- 3 EL Eiweißpulver ohne Geschmack
- Salz
- Pflanzenöl
- 4 Hühnchenbrustfilets
- Pfeffer
- 2 Paradeiser
- 2 Gurken
- 2 Radieschen
- 4 Salatblätter

Zubereitung

Die Eier mit den Eiweißen und dem Eiweißpulver verquirlen und salzen. Anschließend eine Pfanne dünn mit Öl bestreichen und aus der Eiermasse vier Wraps backen und warm stellen.

Die Hühnchenbrustfilets würfeln, salzen und pfeffern. In der Pfanne mit etwas Pflanzenöl kräftig anbraten, dann einige Minuten von beiden Seiten bei reduzierter Hitze fertig garen. Paradeiser und Gurken putzen, waschen und würfeln, Radieschen putzen, waschen und in feine Scheiben schneiden. Die Salatblätter waschen und gut trocken schütteln oder abtrocknen.

Hühnchenfleisch und Gemüse gleichmäßig auf die Wraps verteilen und einrollen. Damit er beim Essen nicht auseinanderfällt, am unteren Ende mit Alufolie fest zusammenwickeln.

Zwetschkenfleck

Zutaten

- 6 Dotter
- 200 g Butter
- 200 g Zucker
- 2 Msp. Vanillezucker
- 6 Eiweiß
- 300 g Mehl
- 2 Msp. Backpulver
- 1 kg Zwetschken

Zubereitung

Den Backofen auf 200 °C vorheizen. Dotter, weiche Butter, Zucker und Vanillezucker schaumig rühren. Eiweiße zu einem festen Schnee schlagen.

Mehl und Backpulver vermischen und unter den Teig rühren. Anschließend den steifen Schnee unterheben.

Die Masse auf ein Backblech streichen, die Zwetschken waschen, entsteinen und halbieren; mit der Schnittfläche nach oben auf den Teig legen. Im Backofen goldbraun backen.

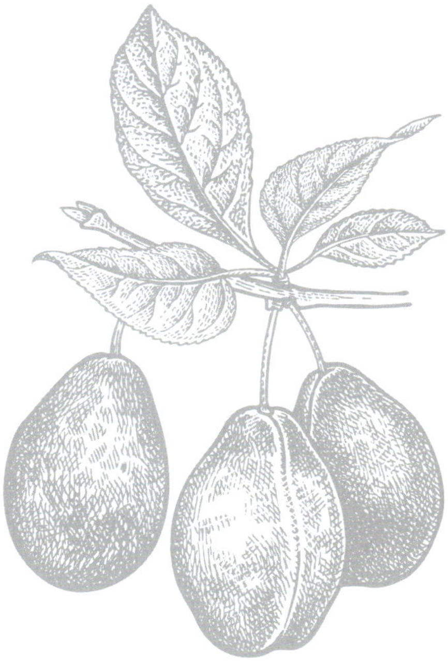

KÜCHENTIPP VON KAROLINE

In Kindertagen war es Tradition, gemeinsam mit meiner Mutter bei meiner Großtante die Zwetschken vom großen Zwetschkenbaum zu ernten. Dass dabei jede dritte Frucht in meinem Mund landete, gefiel meiner Mutter nicht sehr gut. Sobald wir zu Hause waren, wurden die Zwetschken entweder eingekocht oder zu einem herrlichen Zwetschkenfleck verarbeitet. Zwetschkenmus muss mindestens 3,5 Stunden im Ofen garen und darf dabei nicht umgerührt werden, dann wird es perfekt.

Gebratene Hühnerbrust mit Lauch und Karotten

Zutaten

- 4 Hühnerbrüstchen
- Salz, Pfeffer
- Pflanzenöl
- 250 g Lauch
- 1 EL Butter
- 125 g Schlagobers (Schlagsahne)
- 1 Dotter
- 100 g Karotten

Zubereitung

Hühnerbrüstchen salzen und pfeffern und in wenig Öl beidseitig kurz anbraten. Das Fleisch anschließend im Backofen bei 180 °C Umluft ca. 10 Minuten braten.

Den Lauch putzen, waschen und in dicke Ringe schneiden, in Butter anschwitzen, mit Schlagobers aufgießen und dick einkochen. Mit Salz und Pfeffer abschmecken und in die noch warme Masse das Dotter einrühren.

Die Karotten schälen, in dünne Scheiben schneiden und in Salzwasser bissfest kochen. Abseihen, mit kaltem Wasser abschrecken und gut abtropfen lassen.

Die Hühnerbrüstchen in Scheiben schneiden und mit Lauch und Karotten servieren.

Meine Notizen

Foto © Wildbild/Freund

Kürbisse in Hülle und Fülle

Schon bei den Azteken und Mayas stand der Kürbis auf dem Speiseplan, allerdings zunächst Blätter, Blüten, Samen und Schale. Damals und lange bis in das letzte Jahrhundert hinein umgab die Riesenbeere eine mystische Aura. Wussten Sie, dass Kürbisse bei den Mayas als Regenmacher galten und dass verschiedene Indianerstämme an die magischen Kräfte der Pflanze glaubten? Kein Wunder: Eine einzige Pflanze breitet sich in einem rasanten Tempo aus und bringt zahlreiche Früchte hervor. Die lassen sich zu Kuchen und Aufläufen verarbeiten, zu klassischem Gemüse und Suppen zubereiten. Sie sind für Chutneys und zum Einkochen bestens geeignet, können aber genauso gut im kühlen Keller gelagert werden, wo sie sich je nach Sorte einige Wochen bis Monate halten.

Kürbis ist nicht gleich Kürbis, das wird schnell klar, wenn man sich den Farb- und Formenreichtum betrachtet. Und das gilt auch für den Geschmack. Die Sorte 'Sweet Dumpling' hat ein Maronenaroma, 'Butternut' schmeckt nussig und 'Buttercup' wartet mit einem Hauch von Muskat auf. Ganz grob kann zwischen drei Gruppen unterschieden werden: Es gibt Gewöhnliche Kürbisse, Moschus- und Riesenkürbisse, zu denen eine Vielzahl verschiedener Sorten zählt. Obwohl sie sich so gewaltig entwickeln, stellen sie an den Boden doch keine großen Ansprüche. Das ist das Schöne an Kürbissen, denn sie gedeihen auch ohne den „grünen Daumen“. Der Samen wird ab April vorgezogen. Bis zum Auspflanzen nach den Eisheiligen haben sich die Pflanzen dann gut entwickelt. Beim Düngen sollten Sie es auf keinen Fall übertreiben, denn sonst bildet die Pflanze nur unzählige Blätter, aber kaum Früchte. Wichtig ist ansonsten nur noch eine gleichmäßige Wasserversorgung.

Die Hokkaido-Kürbisse wachsen Jahr für Jahr bei uns am Komposthaufen. Die ersten Früchte können schon Mitte September, also im Frühherbst, geerntet werden. Für eine Kürbissuppe sind sie bestens geeignet, sollten aber bald verarbeitet werden. Wenn im Vollherbst dann die Stängel beginnen einzutrocknen, ist Haupterntezeit. Dann werden sie bei Zimmertemperatur etwa zwei Wochen aufbewahrt. Die Schale verholzt dadurch ein wenig und der Kürbis kann für mehrere Wochen gelagert werden.

Die Vielfalt an Farben und Formen beim Kürbis ist enorm. Allein im deutschsprachigen Raum werden über 300 Sorten angeboten. Zu den Riesenkürbissen zählt auch die Gruppe der Türkenturban-Kürbisse. An einem stabilen Gerüst hochgeleitet, wachsen sie sogar in höheren Gefilden. Allerdings müssen Pflanze und Frucht gut gestützt und befestigt werden. Zu den feinsten Speisekürbissen zählen die Moschus-Kürbisse. Sie lieben einen warmen, sonnigen Platz. Butternut-Kürbisse lassen sich leicht schälen. Das kleine Kerngehäuse liegt am unteren Ende der Frucht. Besonders beliebt sind Hokkaido-Kürbisse, bei denen man noch nicht einmal die Schale entfernen muss. Aus ihnen wird die klassische Kürbissuppe gemacht, und sehr gut lagerfähig sind Muskatkürbisse. Das Schälen ist aber wegen der harten Schale etwas mühevoll.

Kürbiscremesuppe

Zutaten

- 1 kg Kürbisfleisch
- 1 Zwiebel
- 2 Knoblauchzehen
- 30 g Butter
- 1 l leichte Rindfleischbrühe
- Salz, Pfeffer
- Geriebene Muskatnuss
- 1–2 EL geröstete Kürbiskerne
- Kürbiskernöl, nach Belieben

Zubereitung

Den Kürbis würfelig schneiden. Die Zwiebel hacken, die Knoblauchzehen schälen und zerdrücken. Beides in einem großen Topf in Butter anrösten. Das Kürbisfleisch dazugeben.

Anschließend mit der Rindfleischbrühe aufgießen und den Kürbis weich kochen. Salz, Pfeffer und Muskatnuss je nach Belieben hinzugeben und alles fein pürieren. Mit gerösteten Kürbiskernen und Kürbiskernöl garnieren.

Meine Notizen

KÜCHENTIPP VON KAROLINE

Gute Freunde meiner Eltern wohnen in der Steiermark und schicken uns von Zeit zu Zeit echtes steirisches Kürbiskernöl. Deshalb wird unsere Kürbissuppe immer mit einem Schuss Kürbiskernöl und mit gerösteten Kürbiskernen serviert.

Truthahn „Förster Art"

Zutaten

- 500 g Putenfleisch
- 1 Zwiebel
- 100 g Champignons
- 100 g Speckwürfel
- Pflanzenöl
- ¼ l Rotwein
- 1 EL Wildgewürz
- Salz, Pfeffer
- 1 EL Tomatenmark
- 2 EL Preiselbeeren
- Saft einer halben Orange
- Etwas Speisestärke
- 125 g Schlagobers (Schlagsahne)

Zutaten für die Serviettenknödel:

- 4 Semmeln
- ⅛ l Milch
- 80 g Butter
- 4 Dotter
- 4 Eiweiß
- Salz
- Etwas gehackte Petersilie

Zubereitung

Das Putenfleisch in größere Stücke schneiden. Die Zwiebel schälen und fein hacken. Die Champignons säubern und blättrig schneiden. Alles zusammen mit den Speckwürfeln in etwas Pflanzenöl anbraten. Anschließend mit Wein aufgießen, das Wildgewürz, Salz und Pfeffer hinzugeben. Das Tomatenmark unterrühren und mit Preiselbeeren und Orangensaft verfeinern.

Alles etwa 20 Minuten leicht dünsten lassen. Speisestärke, Schlagobers und etwas Wasser vermischen und unter die Soße rühren.

Für den Serviettenknödel die Semmeln würfelig schneiden und mit Milch übergießen. Butter und Dotter schaumig rühren. Eiweiß zu festem Schnee schlagen, Buttermasse, Salz und Petersilie zu den Semmelwürfeln geben und gut vermischen.

Die Masse in eine Stoffserviette oder Frischhaltefolie geben und die Enden gut zubinden. In Salzwasser etwa 20–25 Minuten kochen.

Meine Notizen

KÜCHENTIPP VON KAROLINE

Im Gasthaus meiner Großtante gibt es in der Herbstzeit immer Wild zu essen. Doch die Zubereitung ist meist sehr aufwendig und erfordert viel Geduld. Ich habe deshalb eine einfachere Variante gewählt, die trotzdem dem Wildgeschmack sehr nahekommt. Als passende Beilage wird ein köstlicher Serviettenknödel – das Geheimrezept einer guten Freundin – serviert.

Paradeisersuppe

Zutaten

- 1 große Zwiebel
- 1 kg Paradeiser
- 2 EL Olivenöl
- 2 TL Zucker
- 500 ml Gemüsebrühe
- Salz
- 6 EL Schlagobers (Sahne)
- Gehackte Kräuter, z. B. Basilikum, Thymian nach Belieben

Zubereitung

Die Zwiebel schälen und in dünne Ringe schneiden. Paradeiser putzen, waschen und kurz in heißes Wasser geben, häuten und anschließend würfelig schneiden.

Die Zwiebelringe in Olivenöl anrösten, Zucker und Paradeiser kurz dazugeben. Mit der Gemüsebrühe aufgießen und kochen lassen, bis die Paradeiser weich sind. Mit Salz abschmecken. Schlagobers und Kräuter dazugeben und alles fein pürieren.

Meine Notizen

KÜCHENTIPP VON KAROLINE

Diese köstliche Paradeisersuppe kochen meine Mutter und ich auf Vorrat für die Winterzeit. So werden die restlichen Paradeiser verarbeitet und wir bewahren uns ein bisschen sommerlichen Genuss für kalte Wintertage. Verfeinert wird die Suppe mit frischen italienischen Kräutern aus dem Kräuterkisterl und dann portionsweise eingefroren.

Zwetschkenkuchen

Zutaten

- 120 g Butter
- 150 g Honig
- 2 Eier
- 4 EL Milch
- 100 g Topfen (Quark)
- Saft einer halben Zitrone
- 2 TL Backpulver
- 250 g Dinkelvollkornmehl
- Fett und Semmelbrösel für die Springform
- 1 kg Zwetschken
- Mandelblättchen zum Garnieren

Zubereitung

Butter, Honig und Eier schaumig rühren. Milch, Topfen und den Zitronensaft zugeben und das mit Backpulver vermischte Mehl nach und nach unterheben. Alles verrühren, bis ein glatter Teig entsteht.

Den Teig auf ein gefettetes, gebröseltes Backblech geben und glatt streichen. Die Zwetschken säubern, putzen, in Spalten schneiden, entkernen und auf dem Teig verteilen. Im vorgeheizten Backofen bei 180 °C etwa 45 Minuten auf der untersten Schiene backen. Vor dem Servieren mit Mandelblättchen bestreuen.

Foto © shutterstock.com/Anastasia Malinich

Der Vollherbst

Herzhafte Schinken-Käse-Waffeln Kürbispuffer **Kürbis-Lauch-Suppe**
Fisch im Backpapier **Saftige Apfeltorte** Quittenmus

Rosskastanien reifen jetzt

Die Rosskastanien sind reif – der Vollherbst ist ins Land gezogen und wird uns von Mitte September bis Mitte Oktober kühlere Nächte und bunte Herbstfarben bescheren. Wer jetzt noch einmal in die Hände spuckt, kann viel fürs nächste Gartenjahr vorbereiten. Es ist beispielsweise Blumenzwiebelpflanzzeit! Wer jetzt Tulpen, Narzissen & Co. setzt, wird im nächsten Frühling mit einer bunten Blütenpracht belohnt. Die Witterung bringt neben sinkenden Temperaturen den einen oder anderen Regenschauer und viel Tau am Morgen. Alles geht nun ein wenig langsamer. Noch sind nur vereinzelt die Blätter gefärbt, die zunehmende Feuchtigkeit lässt im Ziergarten die Rasenflächen wieder saftig grün werden und die mehrmals blühenden Rosen schmücken sich noch einmal mit Blüten, als ob es kein Morgen gäbe. Der Vollherbst ist eine phänologische Jahreszeit des Abschieds, aber gleichzeitig auch der Vorfreude auf einen Neubeginn. Also keine Wehmut, sondern Aufbruchsstimmung!

Foto © Wildbild/Freund

Herbstzeit ist Erntezeit, und das gilt auch für den Vollherbst: Spätes Obst wie Kiwis und Quitten, Nüsse, späte Erdäpfel, Zucchini, Sellerie und Wintermöhren sind nur einige von vielen jetzt reifen Arten und Sorten. Als Leitpflanze dieser phänologischen Jahreszeit ist neben der Rosskastanie auch die Stiel-Eiche zu nennen, deren Früchte jetzt reif werden.

Foto © Wildbild/Freund

Foto © Wildbild/Freund

Erntеglück mit Äpfeln

Wenn es morgens schon recht kalt ist und abends früher dunkel wird, wenn es duftet nach frisch umgegrabener Erde, dann ist Apfel-Erntezeit. Es gibt jede Menge Sorten, die sich für den Anbau im Garten und auch im Kübel eignen. Je nach vorhandenem Platz wird die Sorte ausgesucht, denn da gibt es in Bezug auf Größe und Breite der Bäume schon erhebliche Unterschiede. Für kleine Gärten und die Topfbepflanzung ist Säulenobst die beste Wahl. Wichtig ist auch die Sortenwahl hinsichtlich des Reifezeitpunkts. Frühe Sommeräpfel halten sich im Lager nicht so lange wie die jetzt reifenden Lageräpfel. Je sonniger ein Apfelbaum steht, umso mehr Vitamine und Mineralstoffe enthalten die Früchte. Übrigens ist jetzt nicht nur Erntezeit, sondern es beginnt auch die Pflanzzeit für Apfelbäume.

Zwiebeln ernten und aussäen

Wenn Sie im Frühjahr Zwiebeln gesät haben, ist jetzt die beste Erntezeit. Suchen Sie sich ein paar schöne Herbsttage dazu aus. Erst einmal wird das Erdreich mit einer Grabegabel gelockert, damit man die Zwiebeln leicht aus dem Boden ziehen kann. Einige Tage bleiben sie noch in der warmen Sonne liegen, damit sie nachreifen können. Sind sie gut abgetrocknet, wird das Laub abgedreht und die Zwiebeln kommen zur Lagerung in Holzkisten, wo sie nicht zu dicht liegen sollten, um Fäulnis zu verhindern.

Das abgeerntete Beet kann dann für eine neuerliche Aussaat vorbereitet werden.

Foto © Wildbild/Freund

Herzhafte Schinken-Käse-Waffeln

Dieses Rezept stammt von einer meiner besten Freundinnen, mit der ich unzählige Mädelsabende verbracht habe. Dabei stand neben den Gesprächen auch das Kochen auf dem Programm. Bei einem dieser gemeinsamen Kochabende probierten wir dann auch das Waffelrezept und waren hellauf begeistert. Was auf keinen Fall fehlen darf: Rucola-Salat und ein Teelöffel Basilikum-Pesto.

Zutaten

- 50 g Butter
- 3 Eier
- 50 g geriebener Käse
- 100 g dünne Schinkenscheiben
- 150 g Dinkelmehl
- ½ TL Backpulver
- 150 ml Milch
- Salz, Pfeffer
- Frisch gehackte Kräuter, z. B. Petersilie, Schnittlauch, nach Belieben
- Basilikum-Pesto, nach Belieben

Zubereitung

Die weiche Butter mit den Eiern und dem Käse vermengen. Den Schinken in feine Streifen schneiden und diese gemeinsam mit Mehl, Backpulver und Milch unter den Teig rühren.

Je nach Belieben salzen, pfeffern und frische Kräuter hinzugeben. Anschließend die Waffeln im vorgeheizten und gefetteten Waffeleisen goldgelb backen.

Die Waffeln ganz leicht mit Basilikum-Pesto bestreichen und mit Rucola-Salat servieren.

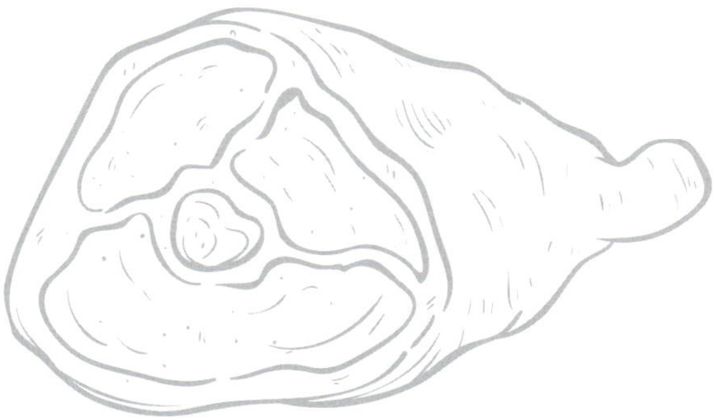

Foto © Wildbild/Freund

Kürbispuffer

Zutaten

- 500 g Hokkaido-Kürbis
- 200 g Erdäpfel (Kartoffeln)
- 1 EL getrocknete Kürbiskerne
- 1 kleine Zwiebel
- 100 g Schafskäse
- 4 EL Mehl
- 2 Eier
- Salz, Pfeffer
- Pflanzenöl

Zubereitung

Den Kürbis putzen, waschen und die Kerne entfernen, dann in kleinere Stücke schneiden und raspeln. Die Erdäpfel schälen und raspeln. Die Kürbiskerne kurz anrösten. Zwiebel schälen und wie die Kürbiskerne fein hacken, den Schafskäse zerbröckeln.

Nun die Kürbis- und Kartoffelraspeln gut ausdrücken und mit dem Mehl, den Eiern und den übrigen zerkleinerten Zutaten verrühren. Mit Salz und Pfeffer abschmecken und kleine flache Puffer formen. In heißem Fett in einer Pfanne die Puffer goldgelb backen.

Meine Notizen

KÜCHENTIPP VON KAROLINE

Ich verwende sehr gern Hokkaido-Kürbis, denn da erspare ich mir das oftmals sehr mühsame Abschälen. Die Schale kann ganz einfach mitgegessen werden. Und da ich in meinem Studentenwohnheim keinen Backofen zur Verfügung habe, bereite ich gern die Kürbispuffer in der Pfanne zu. Sie gelingen im Handumdrehen und schmecken hervorragend zu frischem Salat oder Kräuterdip.

Kürbis-Lauch-Suppe

Zutaten

- 200 g Hokkaido-Kürbis
- 50 g Lauch
- 1 EL Olivenöl
- 1 Prise Currypulver
- 400 ml Gemüsebrühe
- Salz, Pfeffer

Zubereitung

Den Kürbis würfeln und den Lauch in Ringe schneiden. In einem Topf das Öl erhitzen, den Kürbis und den Lauch darin anrösten, Currypulver dazugeben und mit der Gemüsebrühe ablöschen. Etwa 15 Minuten köcheln lassen. Das Gemüse anschließend pürieren, mit Salz und Pfeffer abschmecken und mit gerösteten Kürbiskernen und etwas Kürbiskernöl servieren.

Foto © Wildbild/Freund

Grafik © shutterstock.com/Olly Molly

GARTENTIPP VON KARL

Neben Hokkaido-Kürbissen haben auch Butternut-Kürbisse einen aromatischen Geschmack und sind leicht zu verarbeiten. Die glatte Haut lässt sich leicht schälen, das kleine Kerngehäuse liegt am unteren Ende der Frucht, sodass beim Aufschneiden gleichmäßige Scheiben entstehen. Je nach Sorte sind Butternut- oder Butternuss-Kürbisse walzen- bis birnenförmig und cremeweiß, ockergelb bis braun gefärbt.

Fisch im Backpapier

Zutaten

- 2 Karotten
- Etwas Lauch
- ½ Sellerieknolle
- 2 Frühlingszwiebeln
- Öl für die Pfanne
- 3 EL Weißwein
- Salz, Pfeffer
- 4 Forellenfilets
- Saft einer Zitrone
- Gehackte Kräuter, nach Belieben
- 4 St. Backpapier

Zubereitung

Das Gemüse putzen und waschen, in sehr feine Streifen schneiden und in einer Pfanne kurz anbraten. Mit Weißwein ablöschen und mit Salz und Pfeffer abschmecken.

Auf je ein Stück Backpapier etwas Gemüse legen und ein Forellenfilet daraufsetzen. Den Fisch mit Zitronensaft beträufeln und mit Kräutern bestreuen. Das Backpapier über dem Fisch zusammenfalten, dabei zweimal falzen. Die Backpapierpäckchen sollen dicht sein, sodass sich der entstehende Saft sammeln kann.

Im Backofen bei 180 °C 10 Minuten backen. Den gegarten Fisch direkt im Backpapier servieren.

Foto © shutterstock.com/Alexey Boldin

Foto © shutterstock.com/Cora Mueller

Die wollige Zitrone des Nordens

Die Quitte stammt ursprünglich aus Zentralasien und gelangte erst durch die Römer nach Europa. Dort galt sie als ein Liebes-, Glücks- und Fruchtbarkeitssymbol. Den intensiven Duft der Quitte nutzten die römischen Männer, um die Frauen zu betören. Während der Schwangerschaft aßen die Frauen Quitten, das Kind sollte so gesund und intelligent werden. Zu einer Heirat pflanzte der Brautvater einen Quittenbaum im Garten – so sollte die Ehe unter einem glücklichen Stern stehen. „Quitten für die Hochzeitsleut schafft Lieb' und Lust und Kinderfreud!"

Die Römer schätzten die Frucht und nannten sie die „wollige Zitrone des Nordens". Jetzt entdecken sie die Haubenköche und Gartenbesitzer wieder, weil sie so dekorativ und robust ist – die Quitte.

Der Baum hat viele Vorteile. Der wichtigste ist für viele, dass man ihn praktisch nicht schneiden muss und er dennoch alljährlich blüht und fruchtet. Die weißen bis hellrosafarbenen Blüten, die erst knapp vor der Rosenblüte erscheinen, sind deutlich größer als die der Äpfel und Birnen, lassen aber keinen Zweifel aufkommen: Auch dieser Baum ist ein Rosengewächs. Der Baum wächst relativ langsam und wird mit den Jahren zu einem kleinen, breitkronigen Gehölz mit etwa fünf bis sechs Metern Wuchshöhe und -breite. Blätter und Früchte sind von einem dünnen, filzartigen Belag überzogen, der sie in heißen Sommern vor dem Austrocknen schützt. Das graufilzige Laub und die großen gelben Früchte vermitteln ein wenig südliche Stimmung, und so kann man den Baum auch sehr gut in einen Garten integrieren, bei dem mediterrane Stimmung gefragt ist.

Es gibt zwei große Quittengruppen: die Apfelquitten und die Birnenquitten, deren Namen sich von der Form der Früchte ableiten. Apfelquitten tragen runde Früchte, Birnenquitten zeigen wie Birnen am Fruchtstiel eine längliche Ausformung. Auch hinsichtlich des Geschmacks unterscheiden sich die beiden Quittentypen. Die Sorten der Apfelquitte gelten als etwas aromatischer, besitzen aber ein recht hartes, eher trockenes Fruchtfleisch. Birnenquitten sind weicher und leichter zu verarbeiten, geschmacklich allerdings etwas langweiliger.

Quitten sind wärmeliebend und frostempfindlicher als Äpfel und Birnen. Sie mögen gern sonnige Standorte mit sandigen bis mittelschweren, durchlässigen Böden. Staunende Nässe vertragen Quitten nicht, vorübergehende Trockenheit hingegen macht ihnen nicht viel aus.

Die einzige ernst zu nehmende Krankheit bei der Quitte ist der Feuerbrand, der sich an schwarzbraun verfärbten Triebspitzen mit eingetrockneten Blättern zeigt. Gegen die Bakterieninfektion gibt es derzeit keine zugelassenen Pflanzenschutzmittel. Da Kernobstplantagen massiv von dieser Krankheit bedroht sind, ist sie auch im Hausgarten meldepflichtig, und in manchen Bundesländern war deshalb der Handel mit diesem Gehölz zeitweise verboten.

Quitten enthalten Weinsäure, Apfelsäure, Zucker, Tannin, Mineralstoffe (Kalium, Calcium, Phosphor), Vitamin C und sehr viel Pektin. Quitten sind sogar pektinreicher als Äpfel. Pektine sind eine wichtige „Putzkolonne" für den Darm. Sie halten die Verdauung in Schwung, binden Schadstoffe und entschlacken den Körper. Kalium ist wichtig für den Wasserhaushalt und die Reizübertragung der Nerven. Bei Hals-, Magen- und Lungenleiden sowie bei Durchfällen und Fieber soll die Quitte hilfreich sein.

Foto © sFotolia/M.studio

Saftige Apfeltorte

Zutaten

- 6 Eiweiß
- 6 Dotter
- 250 g Staubzucker (Puderzucker)
- 80 g Grieß
- 1 EL Kakao
- 250 g geraspelte Äpfel
- 120 g geriebene Mandeln
- Staubzucker (Puderzucker) zum Bestreuen

Zubereitung

Den Backofen auf 170 °C vorheizen. Eiweiße zu einem festen Schnee schlagen, Dotter mit dem Zucker schaumig schlagen.

Alle anderen Zutaten in die Schaummasse einrühren und zum Schluss den festen Schnee unterheben.

Die Masse in eine gefettete Tortenform füllen und etwa 35 Minuten backen. Vor dem Servieren mit Staubzucker überstreuen.

Fotot © Wildbild/Freund

Grafik © shutterstock.com/mamita

Foto © shutterstock.com/Anastasia Malinich

Der Spätherbst

Flammkuchen Schweinefilet mit Rahmsauerkraut und Erdäpfel
Apfelguglhupf Avocadocreme **Apfelstrudelmuffins**

Das große Finale

Das große Finale in Garten und Natur ist angesagt. Man könnte es auch die größte Recyclingaktion des Gartenjahrs nennen, denn die Bäume und Sträucher holen nun alle verfügbaren Nährstoffe aus den Blättern und speichern sie in Rinde und Wurzeln. Zurück bleibt ein buntes Feuerwerk an Farben. Im phänologischen Kalender zeigt der Laubfall der Rosskastanie und das Färben der Lärchennadeln den Spätherbst an, der von Mitte Oktober bis Anfang Dezember verweilt. Die Witterung Anfang November ist oft nass, trüb und neblig. Doch kaum kommt die Sonne, hüllt sich der Garten noch einmal in kräftige orangerote Farbtöne. Ein letzter Kaffee auf der Terrasse, ehe auch die Sitzgarnituren weggeräumt werden. Die Spätherbsttage sind der Treibstoff für den „Traumtank", mit dem man lange kalte Wintertage übersteht.

Auch im Spätherbst lässt sich noch das eine oder andere ernten und zu köstlichen Gerichten verarbeiten oder als Vorrat anlegen. Letztes Lagergemüse wie Rettich, Karotten, Knollensellerie und Rote Beete werden geerntet, Chicoréewurzeln zum Treiben eingeschlagen. Frisch auf den Tisch kann der Feldsalat kommen, der auch bis zum Frühjahr im Garten bleiben und bei frostfreier Witterung geschnitten werden kann.

Obst – gehört dazu! Jetzt ist Pflanzzeit

Ob Apfel, Birne oder Kirsche, ob Himbeere, Brombeere oder Ribisel – Obst gehört in jeden Garten. Im Herbst ist die beste Pflanzzeit, dann kann man bei einigen Gehölzen bereits im kommenden Jahr die ersten Früchte ernten. Das Wichtigste: Selbst in den kleinsten Gärten findet sich Platz für diese Naschgehölze.

1. Obstbäume haben auch eine Zierfunktion! Ob die schlanken Ballerina-Apfelbäume, die Heidelbeeren mit ihrer tollen Laubfärbung oder ein in voller Blüte stehender Kirschbaum – Argumente gibt es viele.

2. Spalierbäume sind sehr dekorativ. Ob Marille, Nektarine oder Wein – sie alle genießen den Schutz der Mauer, zieren das Haus und liefern Vitamine.

3. Achtung bei Wühlmäusen! Gleich beim Pflanzen an den Gitterkorb denken. Das spart später viel Ärger!

4. Auf die Sorte achten! Apfel ist nicht Apfel und Wein ist nicht Wein. Je nach Klima und Standort sollte man unterschiedliche Sorten wählen. Fragen Sie Nachbarn und Gartenbauvereine in der Umgebung.

5. Vertrauen Sie Ihrem Gärtner! Baumschulen und Gärtnereien haben große Erfahrungen und tolle Tipps. Beschweren Sie sich aber auch, wenn der Rat falsch war!

6. Schneiden Sie die Obstbäume – aber nicht selbst, wenn Sie keine Ahnung haben.

7. Lassen Sie die Hände von synthetischen Pflanzenschutzmitteln. Krankheiten und Schädlinge werden nicht durch Chemie behoben. Sorte, Standort und Pflege müssen stimmen, dann wächst die Pflanze.

In keinem Garten sollten die Naschecken fehlen. Mit dazu gehören: Heidelbeeren, die in kalkfreie Erde gepflanzt werden, Himbeeren – besonders gesund ist die Herbsthimbeere 'Autumn Bliss' – und Brombeeren, z. B. die Sorte 'Navaho'. Ribiseln und Holunder, beispielsweise die Sorte 'Haschberg', sind ebenfalls empfehlenswert.

Ohrwürmer als Blattlausjäger

Ein ganz normaler Tontopf wird zum Jagdquartier für Ohrwürmer. Ziehen Sie eine Schnur durch den Topf, an deren Ende ein kleines Holzstück festgebunden wird. Nun kommt Holzwolle in den Topf, und die Schnur wird nach oben gezogen. Das Holz hält die Holzwolle fest. An einen Baum hängen, dass der Rand den Stamm berührt – bald nisten sich die Ohrwürmer ein und schwirren in der Nacht zum Läusefang aus. Noch ein Tipp: Wem es zu lange dauert, der kann den Topf zuerst unter Sträucher legen, so werden sich die Ohrwürmer schneller diesen Unterschlupf suchen.

GARTEN WISSEN

Laub, Laub, nichts als Laub – in den Parks und Gärten ist nun oftmals der letzte Großputz im Garten angesagt. Mitunter ist der auch nötig, oftmals aber völlig überflüssig. Dass Rasen und Wege vom Laub befreit werden müssen, ist klar – entweder besteht große Rutschgefahr oder der Rasen verfault darunter. Die beste Methode, Laub zu entfernen, ist übrigens der Rasenmäher: Laub auf die Rasenfläche streuen und drübermähen. Im Grasfangsack hat man dann gehäckseltes Laub, das mit dem letzten Rasenschnitt vermischt ist. Damit mulcht man nicht nur unter Sträuchern, sondern deckt auch alle Staudenbeete ab. Auch im Gemüsegarten wird damit der Boden geschützt. Oft ist bis zum Frühjahr von der 3 bis 5 Zentimeter hohen Mulchdecke nichts mehr da.

Foto © Wildbild/Freund

Flammkuchen

Der Flammkuchen, auch genannt „die Pizza der Franzosen", ist ideal für all diejenigen, die einmal eine Abwechslung von der italienischen Spezialität genießen wollen. Ein leichter Teig, der ganz nach Belieben belegt werden kann – der französische Klassiker wird mit Zwiebeln und Schinken bestückt. Aber auch eine vegetarische Variante ist möglich – je nachdem, was der Kühlschrank oder der Garten als Belag anbietet.

Zutaten

- 300 g glattes Mehl
- ½ TL Salz
- 1½ EL Olivenöl
- ⅛ l warmes Wasser
- 3 rote Zwiebeln
- 200 g Schinken
- 250 g Crème fraîche
- Salz, Pfeffer

Zubereitung

Den Backofen auf 220 °C Umluft vorheizen. Mehl, Salz, Öl und Wasser zu einem glatten Teig verkneten, dann abgedeckt kurz rasten lassen. Zwiebeln schälen und in dünne Ringe schneiden, den Schinken in Streifen schneiden.

Den Teig in vier Teile teilen und jede Teigkugel ca. 2 mm dünn ausrollen. Jeden Fladen mit Crème fraîche bestreichen, mit den Zwiebelringen und dem Schinken belegen, salzen und pfeffern. Etwa 8 Minuten im Ofen knusprig backen.

Gartenwissen

Küchenzwiebeln gibt es in Gelb, Weiß und Rot. Sie unterscheiden sich hinsichtlich ihrer Reife und auch Schärfe. Außerdem gibt es Gemüsezwiebeln, kleine weiße Perlzwiebeln und Lauchzwiebeln. Die gelben und hellbraunschaligen sind robust und meistens auch recht scharf, rote Zwiebeln sind etwas milder. Gemüsezwiebeln sind nicht nur Beilage, sondern auch gefüllt mit Hackfleisch, Frischkäse oder Schafskäse ein köstliches Hauptgericht.

Ab März werden Zwiebeln in Reihen so tief gesteckt, dass sie gerade mit Erde bedeckt sind. Lassen Sie zwischen den Reihen 20 Zentimeter Abstand, in der Reihe sollten es 10 Zentimeter sein. Am besten düngen Sie die Erde mit Kompost schon vor dem Pflanzen. Zwiebeln wachsen gut in einem tiefgründigen Gartenboden an einem sonnigen Standort und mögen gar keine Konkurrenz um Platz und Nährstoffe durch Unkraut. Deshalb ist regelmäßiges Hacken angesagt. In Mischkultur mit Karotten, Pastinaken, Roter Beete oder Salat gedeihen sie dagegen sehr gut. Die Pflanzen halten sich gegenseitig Schädlinge ab, z. B. die Möhrenfliege und die Zwiebelfliege. Geerntet werden Zwiebeln je nach Sorte ab Juli, wenn das Laub zu welken beginnt. In der Sonne lässt man sie nachtrocknen, gelagert werden sie an einem etwas wärmeren, trockenen, dunklen Ort.

Foto © Wildbild/Freund

Chiapudding mit herbstlichem Obst

Als ich wieder einmal bei einer Freundin zum Essen eingeladen war, gab es als Dessert einen leckeren Chiapudding. Bis zu diesem Zeitpunkt kannte ich dieses Superfood gar nicht, doch ich war sofort begeistert und sie verriet mir das Rezept. Am darauffolgenden Wochenende überraschte ich meine Eltern mit diesem Pudding, garniert mit Zwetschken, Weintrauben und Heidelbeeren. Seither verwende ich bei allen möglichen Rezepten Chiasamen.

Zutaten

- 250 g Joghurt
- 250 ml Mandelmilch
- 4 EL Ahornsirup
- ½ TL Vanillezucker
- 60 g Chiasamen
- Heidelbeeren, Zwetschken nach Belieben
- 1 Stängel Minze, zum Garnieren

Zubereitung

Joghurt, Mandelmilch, Ahornsirup, Vanillezucker und Chiasamen verrühren. Die Masse in Gläser füllen und über Nacht in den Kühlschrank stellen.

Vor dem Servieren mit Heidelbeeren oder Zwetschken nach Belieben belegen. Minzeblättchen abzupfen und die Nachspeise damit garnieren.

Schweinefilet mit Rahmsauerkraut

Zutaten

- 400 g Schweinefilet
- Senf
- Salz, Pfeffer

Für das Rahmsauerkraut

- 1 kleine Zwiebel
- 1 EL Butter
- 1/8 l Milch
- 250 g mildes Sauerkraut
- 3 EL Sauerrahm
- 3 EL Schlagobers
- Gemahlenen Kümmel

Zubereitung

Das Schweinefilet in dicke Scheiben schneiden mit Senf bestreichen und mit Salz und Pfeffer würzen. In einer Pfanne mit Öl beidseitig anbraten.

Für das Rahmsauerkraut die Zwiebel klein schneiden und in Butter anrösten. Mit etwas Milch ablöschen. Die Hälfte des Sauerkrauts und den Rahm zugeben und etwa 10 Minuten köcheln lassen. Anschließend die Masse fein pürieren. Nun das restliche Sauerkraut klein schneiden und mit der Milch und dem Obers zugeben. Kurz aufkochen lassen. Mit Kümmel und Salz abschmecken. Als Beilage schmecken Röstkartoffel köstlich.

KÜCHENTIPP VON KAROLINE

Wenn ich am Wochenende nach Hause komme, gibt es meist ein Fleischgericht, denn mit Fleisch koche ich nur sehr wenig. Besonders lieb ist mir dabei das Schweinefilet mit Rahmsauerkraut – ein Rezept, das meine Mutter im selbst geschriebenen Kochbuch meiner lieben Oma entdeckt hat. Sie sehen also: Wir kochen nicht nur saisonal, sondern auch sehr traditionell. Schauen Sie doch auch einmal in alten Kochbüchern nach traditionellen Gerichten.

Apfelguglhupf

Zutaten

- 2 Eiweiß
- 2 Dotter
- 250 g Butter
- 250 g Staubzucker (Puderzucker)
- 1 Pck. Vanillezucker
- 120 g Mandeln, gerieben
- 2 große Äpfel, geraspelt
- 250 g Dinkelmehl
- 1 Pck. Backpulver
- Staubzucker, zum Bestreuen

Zubereitung

Den Backofen auf 180 °C vorheizen. Eiweiß zu einem festen Schnee schlagen, Dotter, Butter, Staubzucker und Vanillezucker schaumig rühren. Die Mandeln und die Äpfel untermengen.

Den Schnee und das mit Backpulver vermischte Mehl unter die Masse heben. Eine Gugelhupfform gut mit Butter ausfetten. Anschließend den Teig in die Form gießen und etwa 50 Minuten backen.

Den Gugelhupf auskühlen lassen, nach 10 Minuten aus der Form stürzen und mit Staubzucker bestreuen.

Tipp von Mama

„Die ausgefettete Gugelhupfform kurz in den Kühlschrank stellen und dann erst den Teig einfüllen, so bleibt die Masse nicht in der Form kleben."

Foto © Wildbild/Freund

Avocadocreme

Zutaten

- 1 Avocado
- Etwas Zitronensaft
- 100 g Frischkäse
- 1 Bund Schnittlauch
- Salz, Pfeffer

Zubereitung

Die Avocado halbieren und den Kern entfernen. Das Fruchtfleisch mit einem Löffel aus der Schale kratzen und mit einer Gabel fein zerdrücken. Anschließend mit Zitronensaft beträufeln und mit dem Frischkäse glatt rühren.

Den Schnittlauch klein schneiden, unterrühren und mit Salz und Pfeffer nach Belieben abschmecken.

GARTENTIPP VON KARL

Avocados lassen sich auch im Topf als interessante Blattpflanze ziehen. Blühen und fruchten werden sie im Zimmer aber nicht. Im Wintergarten könnte ein Fruchtansatz allerdings nach einigen Jahren gelingen. Als Erde sandige Aussaaterde verwenden, den Kern gut reinigen und etwa 5 Zentimeter tief in die Erde legen. Angießen und ganz warm stellen – z. B. auf einen Heizkörper. Feucht halten und sofort nach dem Keimen ans Fenster stellen.

Apfelstrudelmuffins

Zutaten

- 2 Eier
- 25 g Butter
- 2 Pck. Vanillezucker
- 40 g Magertopfen (Magerquark)
- 200 g säuerliche Äpfel, geraspelt
- 90 g Honig
- 3 EL Milch
- 150 g Vollkornmehl
- 1 TL Backpulver
- ½ TL Natron
- ½ TL Salz
- 1 TL Zimt

Für die Kruste:

- 1 EL Butter
- 30 g Zucker
- 1 EL Mehl
- 2 EL Zimt

Zubereitung

Den Backofen auf 180 °C vorheizen. Eier, Butter, Zucker und Vanillezucker schaumig rühren. Topfen und Äpfel sowie Honig und Milch dazugeben und vermischen.

Mehl, Backpulver, Natron und Salz vermischen und unter die Topfen-Apfel-Masse rühren. Mit Zimt verfeinern. Den Teig in ausgefettete Muffinformen füllen.

Für die Kruste die Butter schmelzen und mit der Zucker-Mehl-Zimt-Mischung zu Streuseln verrühren. Die Streusel auf den Muffins verteilen und in den vorgeheizten Backofen schieben. Ca. 20 Minuten backen. Danach noch 5 Minuten in den Formen rasten lassen, anschließend auf einem Gitter auskühlen lassen.

Foto © shutterstock.com/Anastasia Malinich

Der Winter

Lauch-Quiche Marillen-Streuselkuchen **Topfen-Tarte**
Kürbislasagne **Topfenwaffeln**

Die Ruhezeit des Gartens

Für Natur und Garten beginnt nun die Ruhephase. Die phänologische Jahreszeit Winter dauert vom Dezember bis in den Februar, wenn die Schneeglöckchen wieder blühen. Der Laubfall des frühreifenden Apfelbaums und der Nadelfall der Europäischen Lärche sind die Leitphasen. Nun kommen erste längere Frostperioden und letztlich in vielen Teilen des Landes Schnee – der wohl beste Schutz für den Boden. Die Anfangsphase des Winters gehört zu den schönsten Zeiten im Jahr. Oft schmückt sich der Garten in dieser Jahreszeit mit herrlichem Raureif – oft noch auf den letzten Blättern und Blüten. Hortensien sehen dann aus, als ob sie sich noch einmal „schön" machen. Aber auch der völlig andere Blick auf den Garten macht Freude – plötzlich sind Sichtachsen frei und so manche dunkle, sonst dicht belaubte Gartenstelle ist nun um die Mittagszeit lichtdurchflutet.

Nach dem ersten Frost ist nun die Mispel bereit für die Ernte, und Grünkohl kann geschnitten werden. Je länger er niedrigen Temperaturen ausgesetzt ist, desto süßer wird er im Geschmack. Minusgrade sind nicht unbedingt erforderlich, kalt sollte es aber sein, damit sich das typische Aroma entwickelt. Es gibt auch schon Sorten. Auch Rosenkohl und Winterlauch können im Garten bleiben und nach Bedarf geerntet werden, am besten aber geschützt mit einem Vlies.

Ans nächste Jahr denken und planen

Foto © shutterstock.com/Spreewald-Birgit

Planen Sie für das kommende Jahr doch mal Erdäpfel ein, die im Garten eine recht pflegeleichte Frucht darstellen und auch auf Balkon und Terrasse in Kartoffeltöpfen oder Kartoffelsäcken gut gedeihen. Im Winter ist Zeit, um sich eine passende Sorte auszusuchen.

Meine absoluten Favoriten sind bei den gelbfleischigen die festkochende 'Linda' und 'Heideniere'. Bei den blauen beziehungsweise violetten gehören der 'Blaue Schwede' und 'Violetta' zu den empfehlenswertesten Sorten. 'Duke of York' und die gefleckte 'Mayan Twilight', die mit einem zarten Marzipangeschmack aufwartet, sind hervorragende rote Erdäpfel.

Einige Sorten haben eine besondere Wuchsform: 'Kipfler' sind bekannt und köstlich, ähnlich sind die 'Bamberger Hörnchen' oder die französische Sorte 'La Ratte'. Bei den mehligen Sorten empfehle ich die 'Mehligen Mühlviertler'.

Und so gelingt der Anbau:

1. Besonders einfach ist der Anbau auf einem Stück Wiese, das lediglich gemäht sein muss. Die Erdäpfel werden in einer Reihe mit 40 bis 50 Zentimeter Abstand ausgelegt. Anschließend kommt eine 40-Zentimeter-Schicht trockenes Heu und/oder trockener Staudenschnitt auf die Erdäpfel. Nun wird gut angegossen und im Weiteren müssen die Erdäpfel feucht gehalten werden. Die Knollen treiben rasch aus und wurzeln im feuchten Heu und auch im Boden darunter. Ist das Kraut abgestorben, wird das Heu zur Seite gerecht, und darunter findet man die Erdäpfel, die meist auf dem Mutterboden liegen – bereit zur Ernte.

2. Der Kartoffeltopf ist für kleine Gärten, Terrassen oder für all jene geeignet, die viele unterschiedliche Sorten anpflanzen wollen. Ein Topf mit 50 Zentimetern Durchmesser ist ideal. Auf eine Schicht von etwa 15 Zentimetern gut durchlässiger Erde, z. B. Gartenerde, Kompost, Quarzsand und Hornspäne, legt man je nach Sorte – je kleiner die Knollen, desto mehr – drei bis fünf Knollen, bestreut sie dick mit Urgesteinsmehl und bedeckt sie dann mit Erde. Sind die Triebe 10 Zentimeter hoch, wird mit Humus oder guter Gartenerde aufgefüllt, und diese Prozedur wiederholt sich, bis der Topf komplett mit Erde gefüllt ist. In den Blattachseln der Triebe bildet die Kartoffel Wurzeln und damit neue Knollen. Nach dem Absterben der Blätter wird der Topf „gestürzt" und die Erdäpfel geerntet.

3. Besonders praktisch und dekorativ ist die von Oberösterreichern erfundene Erdäpfelpyramide. Die Holzrahmen werden gegengleich aufeinandergestellt, mit sandiger, humoser Erde gefüllt und an den Ecken mit den Erdäpfeln bepflanzt. Auf wenig Platz kann so ein großer Ertrag erzielt werden.

Erdäpfel sind eng mit den Paradeisern verwandt und leiden deshalb unter denselben Krankheiten. Daher sollten die beiden möglichst weit entfernt voneinander angepflanzt werden, weil sich so die Krautfäule nicht so leicht übertragen kann. Befallene Erdäpfel kann man, wenn sie unbeschädigt sind, ohne Gefahr essen, aber nicht mehr als Saatgut verwenden.

Foto © Wildbild/Freund

Lauch-Quiche

Als Französisch-Studentin liebe ich die französische Küche mit all ihren Spezialitäten. Zu meinen absoluten Lieblingsrezepten gehört diese Lauch-Quiche, eine etwas andere Variante der berühmten Quiche Lorraine. Als eine befreundete Französin einmal bei mir zum Essen war, habe ich die Quiche zubereitet und sie war begeistert.

Zutaten

- 200 g Mehl
- 100 g Butter
- Etwas kaltes Wasser
- 4 Eier
- 250 g Sauerrahm (saure Sahne)
- 200 g Lauch
- 100 g gekochter Schinken
- Geriebener Käse, nach Belieben
- Salz, Pfeffer
- Muskat

Zubereitung

Den Backofen auf 200 °C vorheizen. Mehl, Butter und kaltes Wasser für den Teig verkneten, in eine Frischhaltefolie wickeln und etwa eine halbe Stunde im Kühlschrank rasten lassen. Anschließend eine Tortenform mit dem Teig auslegen.

Die Eier mit dem Sauerrahm schaumig rühren. Den Lauch waschen, putzen und in feine Ringe schneiden, den Schinken in Streifen schneiden; beides mit dem Käse zur Eiermasse geben. Mit Salz, Pfeffer und geriebenem Muskat abschmecken. Die Füllung über den Teig gießen und im vorgeheizten Backofen ca. 40–45 Minuten backen.

Foto © Wildbild/Freund

Tipp von Mama
„Diese Quiche eignet sich auch zum Einfrieren!"

GARTENTIPP VON KARL

Es gibt wenige Gemüsearten, die so einfach zu lagern sind wie der Porree beziehungsweise Lauch. Bei mir bleibt er bis in den Winter im Garten stehen. Oft völlig eingeschneit, behält er noch sein Aroma und seine Frische. Taut es dann wieder, kann erneut geerntet werden.

Foto © Wildbild/Freund

Marillen-Streuselkuchen

Zutaten

(Für ein tiefes Backblech)

Für den Kuchenboden:

- 1 Ei
- 2 Dotter
- 300 g Mehl
- 150 g weiche Butter
- 150 g Staubzucker (Puderzucker)
- 1 Pck. Vanillezucker
- 1 Pck. Backpulver

Für den Belag:

- 1 kg Marillen (Aprikosen) oder Rhabarber, Zwetschken, Beeren
- 125 g Mehl
- 100 g Kristallzucker
- 100 g weiche Butter

Zubereitung

Den Backofen auf 170 °C vorheizen. Alle Zutaten für den Boden zu einem Teig verkneten und gleichmäßig auf dem Blech verteilen.

Die Marillen waschen, entsteinen, in kleine Spalten schneiden und den Teig damit belegen.

Für die Streusel Mehl, Kristallzucker und die weiche Butter zwischen den Fingern zu böseligen Streuseln verreiben und anschließend auf die Marillen bröseln.

Gartenwissen

Obstgehölze werden jetzt, in der kalten Jahreszeit, geschnitten, und dabei gilt noch immer eine alte Bauernweisheit: Nach dem Schnitt muss man einen Hut durch eine Obstbaumkrone werfen können, ohne dass er darin hängen bleibt. Die Äste sollten sich nicht überkreuzen, das ist die wichtigste Regel beim Schnitt, denn die Früchte brauchen Licht, Luft und viel Platz, um sich gesund und gut entwickeln zu können. An einem frostfreien, trockenen Tag im Winter können Sie loslegen, am besten, wenn die Temperaturen schon eine Weile über 5 °C liegen, denn dann ist die Wundheilung am besten.

Als Faustregel gilt: Starker Rückschnitt fördert einen starken Austrieb und schwacher Rückschnitt fördert einen schwachen Austrieb.

Meine Notizen

KÜCHENTIPP VON KAROLINE

Dieses Rezept kann für viele verschiedene Kuchen abgewandelt werden. Dabei bleiben Teig und Streusel gleich, nur die Früchte werden verändert. Für den Belag eignen sich sowohl Marillen als auch Rhabarber, Zwetschken oder Beeren. Lassen Sie also Ihrer Kreativität freien Lauf!

Topfentarte

Zutaten

- 250 g Mehl
- 1 Prise Salz
- 5 Eier
- 150 g Butter
- 500 g Topfen (Quark)
- 250 g Schlagobers (Schlagsahne)
- 170 g Zucker
- Saft einer halben Zitrone
- Staubzucker (Puderzucker) zum Bestreuen

Zubereitung

Aus Mehl, Salz, einem Ei und Butter einen Mürbteig kneten, diesen in eine Frischhaltefolie wickeln und eine Stunde kalt stellen.

Den Backofen auf 220 °C vorheizen. Eine Tarteform einfetten, den Teig darin auslegen und ca. 10 Minuten vorbacken. Den Topfen mit Schlagobers, Zucker, Zitronensaft und den restlichen Eiern verrühren und auf den vorgebackenen Tortenboden geben.

Im Backofen ca. 20 Minuten backen. Vor dem Servieren eventuell mit Staubzucker bestreuen.

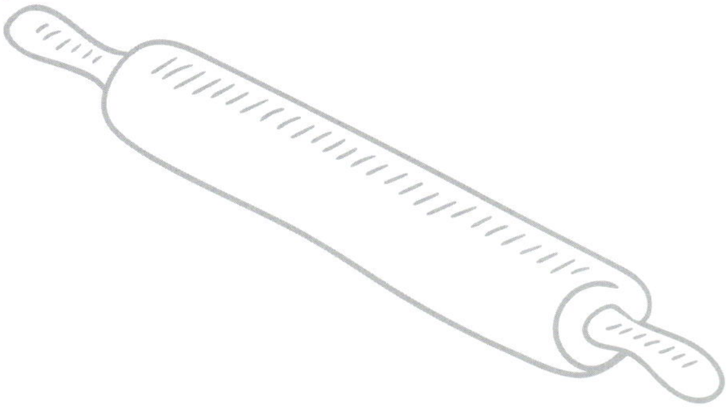

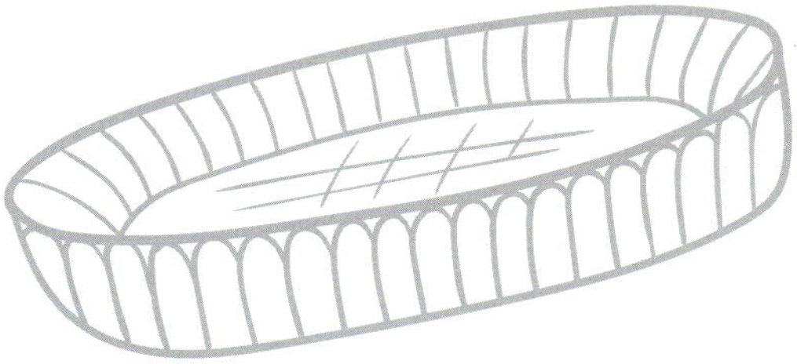

Kürbislasagne

Zutaten

- 1 große Zwiebel
- Etwas Olivenöl
- 320 g Hokkaido-Kürbis
- 2 Knoblauchzehen
- 4 gekochte Erdäpfel
- 200 g gekochte Brokkoliröschen
- 250 g Tomatenwürfel
- 1 EL Oregano
- Salz, Pfeffer, Currypulver
- 1 Prise Zimt
- 1 Pck. vorgekochte Lasagneblätter
- 220 g Mozzarella
- Tomatenscheiben, zur Garnierung

Für die Béchamelsoße:

- 3 EL Butter
- 6 EL Mehl
- ¼ l Milch
- 1 TL Salz

Zubereitung

Den Backofen auf 200 °C vorheizen. Die Zwiebel schälen, klein hacken und in einer großen Pfanne in etwas Olivenöl anrösten. Den Kürbis schälen, klein würfeln. Mit dem geschälten, gepressten Knoblauch zur Zwiebel geben und das Ganze ca. 5 Minuten dünsten lassen.

Die Erdäpfel in Scheiben schneiden und mit den Brokkoliröschen und den Tomatenwürfeln zum Gemüse geben. Mit den Gewürzen abschmecken.

Für die Béchamelsoße wird die Butter in einem Topf erhitzt und das Mehl untergerührt, sodass eine goldgelbe Einbrenn entsteht. Diese vom Herd nehmen, Milch und Salz mit einem Schneebesen einrühren.

Eine Auflaufform mit Butter ausstreichen und abwechselnd die Lasagneblätter, die Gemüsemasse und die Béchamelsoße einfüllen. Zum Abschluss die Mozzarellascheiben auflegen und mit kleinen Tomatenscheiben dekorieren. Im Backofen ca. 30 Minuten backen.

Tipp von Mama
„Anstatt der Kürbiswürfel kann man auch zwei Zucchini verwenden."

KÜCHENTIPP VON KAROLINE

Mein Vater lagert immer einige Kürbisse im Keller ein. Diese liefern auch noch im Frühwinter die Zutat für dieses köstliche Rezept. Hokkaido-Kürbisse haben eine besonderes intensive Farbe und einen hervorragenden Geschmack. Deshalb ist diese Lasagne eine tolle Abwechslung.

Fotos © Wildbild/Freund

Topfenwaffeln

Zutaten

- 125 g Topfen (Quark)
- 60 g Butter
- 40 g Zucker
- ½ abgeriebene Zitronenschale
- 150 g Mehl
- ⅛ l Milch
- 3 Dotter
- 3 Eiweiß
- Staubzucker (Puderzucker), zum Bestreuen
- Pflanzenöl, für das Waffeleisen

Zubereitung

Das Waffeleisen vorheizen und mit Öl bestreichen. Topfen, weiche Butter, Zucker, Zitronenschale, Mehl, Milch und Dotter in eine Schüssel geben und auf höchster Stufe mit dem Mixer verrühren.

Eiweiße zu einem steifen Schnee schlagen und vorsichtig unter die Masse heben. Den Waffelteig löffelweise in das Waffeleisen geben und dort knusprig backen. Nach Belieben mit Staubzucker bestreuen.

KÜCHENTIPP VON KAROLINE

Als Dekoration zu dieser köstlichen Süßspeise eignet sich frisches Obst, Schokoladensoße oder eine selbst gemachte Himbeercreme. Eingefrorene Himbeeren gibt es bei uns immer im Tiefkühlschrank.

Gartenarbeiten im Takt der Natur

So erkennen Sie den Vorfrühling:

Schneeglöckchen (*Galanthus nivalis*): Die Blüte läutet den Anfang des Vorfrühlings ein. Bärlauch (*Allium ursinum*): Zu Beginn des Vorfrühlings sprießen die ersten Blätter aus dem Boden. Haselnuss (*Corylus avellana*): Die Pollenreife markiert den Beginn der Jahreszeit. Märzenbecher (*Narcissus pseudonarcissus*): Am Ende des Vorfrühlings setzt die Blütezeit ein. Schlüsselblume (*Primula elatior*): Die Blüten erscheinen mit dem Ende des Vorfrühlings. Kornelkirsche (*Cornus mas*): Die leuchtend gelben Blüten stehen am Ende der phänologischen Jahreszeit.

Das ist jetzt zu tun:
Gladiolen, Knollenbegonien und Dahlien können bereits vorgetrieben werden. Hecken und sommerblühende Blütensträucher wie Sommerflieder werden nun zurückgeschnitten. Jetzt ist die beste Pflanzzeit für junge Obstbäume und Beerensträucher. Bei Erdbeeren den Boden zwischen den Pflanzen flach lockern. Kranke Blätter entfernen.

So erkennen Sie den Erstfrühling:

Buschwindröschen (*Anemone nemorosa*): Die Blüte läutet den Anfang des Erstfrühlings ein. Forsythie, Goldglöckchen (*Forsythia × intermedia*): Zu Beginn des Erstfrühlings öffnen sich die ersten Blüten. Löwenzahn (*Taraxacum officinale*): Die Hauptblütezeit ist auch der Beginn und der Höhepunkt dieses Jahresteils. Johannisbeere (*Ribes*): Die Blüte markiert den Beginn der Jahreszeit. Rosskastanie (*Aesculus hippocastanum*): Am Ende des Erstfrühlings öffnen sich die Blattknospen. Das erste Blattgrün markiert das Ende der Erstfrühlingszeit.

Das ist jetzt zu tun:
Legen Sie in den Teichüberlauf ein Sieb ein, damit die Teichbewohner nicht mit abgespült werden. Im Freiland ist Saatzeit für Spinat, Mangold, Rote Beete, Zwiebeln, Erbsen und den letzten Herbstlauch. Von Radieschen, Rettich und Salat am besten alle zwei Wochen nur kleine Sätze aussäen, um später immer gerade die richtige Menge ernten zu können. Um das Verkahlen der Besenheide zu verhindern, können Sie sie um gut ein Drittel zurückschneiden.

So erkennen Sie den Vollfrühling:

Maiglöckchen (*Convallaria majalis*): Die Blüte läutet den Anfang des Vollfrühlings ein. Rosskastanie (*Aesculus hippocastanum*): Zu Beginn des Vollfrühlings steht die Rosskastanie in voller Blüte. Bärlauch (*Allium ursinum*): Die Blüte markiert den Beginn der Jahreszeit. Flieder (*Syringa vulgaris*): Am Anfang des Vollfrühlings setzt die Blütezeit ein. Goldregen (*Laburnum anagyroides*): Die Blüten erscheinen am Ende des Vollfrühlings. Himbeere (*Rubus idaeus*): Die Blütezeit startet mit dem Ende des Jahresteils. Eiche (*Quercus*): Der Blattaustrieb zeigt das Ende der Jahreszeit an. Weißdorn (*Crataegus monogyna*): Die Blüten öffnen sich am Ende des Vollfrühlings.

Das ist jetzt zu tun:
Rasenneuanlagen oder Ausbesserungsarbeiten im Rasen werden vorgenommen. Auch Blumenwiesen können ausgesät werden. Im Gemüsebeet können Sie, anstatt zu mulchen, als Zwischensaat Kresse, Radieschen und Spinat säen. Auch einige Kräuter eignen sich. Engelstrompeten,

Fuchsien, Bleiwurz und Wandelröschen blühen prächtig, wenn Sie diese in einen großen Kunststoffkorb mit weiten Maschen im Garten auspflanzen. Die Wurzeln können sich in die umgebende Erde ausbreiten. Im Herbst den Korb einfach ausgraben und ins Winterquartier stellen.

So erkennen Sie den Frühsommer:

Holunder (*Sambucus nigra*): Die Blüte markiert den Anfang des Frühsommers. Robinie (*Robinia pseudoacacia*): Zu Beginn des Frühsommers öffnen sich die ersten Blüten. Pfingstrose (*Paeonia*): Die Blüte läutet den Beginn der Jahreszeit ein. Sommerlinde (*Tilia platyphyllos*): Die Blüten erscheinen am Ende des Frühsommers. Schwertlilie (*Iris × germanica*): Am Ende des Frühsommers setzt die Blütezeit ein. Liguster (*Ligustrum vulgare*): Die duftenden Blüten bilden sich am Ende der Jahreszeit.

Das ist jetzt zu tun:
Verblühte Stauden jetzt zurückschneiden. Rhododendren lassen sich nach der Blüte durch Absenker vermehren. Zweijährige wie Bartnelken, Goldlack und Fingerhut werden im Frühsommer ausgesät. Drehen Sie bei der Rhabarberernte die Stiele ab. Sie dürfen nicht abgeschnitten werden, da sich sonst Faulstellen entwickeln können. Jetzt ist der richtige Zeitpunkt für den Sommerschnitt von Obstgehölzen gekommen.

So erkennen Sie den Hochsommer:

Winterlinde (*Tilia cordata*): Die Blüte läutet den Anfang des Hochsommers ein. Kartoffel (*Solanum tuberosum*): Zu Beginn des Hochsommers öffnen sich die ersten Blüten. Himbeere (*Rubus idaeus*): Die Fruchtreife markiert den Beginn der Jahreszeit. Erdbeere (*Fragaria*): Am Anfang des Hochsommers setzt die Fruchtreife ein. Johannisbeere (*Ribes*): Die Früchte reifen mit Anfang des Hochsommers. Getreide: Die Erntezeit beginnt am Ende des Hochsommers.

Das ist jetzt zu tun:
Herbstzeitlosen lassen sich jetzt leicht vermehren, indem Sie die Brutknöllchen vorsichtig abtrennen und bis zum Spätsommer trocken lagern. Dann können sie ca. 10 Zentimeter tief gesetzt werden. Am Anfang des Hochsommers können noch Sommersorten vom Kopfsalat gesetzt werden. Für einen späteren Anbau sind dann nur noch Kurztagssorten geeignet. Sommerblumen regelmäßig ausputzen, damit sie neue Knospen bilden. Das ist etwa bei Löwenmäulchen wichtig, die schnell ihre Kraft in die Samenbildung stecken. Topf- und Kübelpflanzen, die im Freien und womöglich in der Sonne stehen, brauchen jetzt besonders viel Wasser. Daher täglich gießen.

So erkennen Sie den Spätsommer:

Schneebeere (*Symphoricarpos albus*): Die Fruchtreife markiert den Spätsommeranfang. Eberesche, Vogelbeere (*Sorbus aucuparia*): Zu Beginn des Spätsommers reifen die Früchte. Zwetschke (*Prunus domestica*): Die Reife und der Erntebeginn markieren das Ende dieser Jahreszeit. Felsenbirne (*Amelanchier*): Am Ende des Spätsommers setzt die Fruchtreife ein. Besenheide (*Calluna vulgaris*): Die Blüten erscheinen mit dem Ende des Spätsommers. Herbstanemone (*Anemone hupehensis*): Die Blüten zeigen das Ende des Jahresteils an.

Das ist jetzt zu tun:
Wenn die Blaukissen (*Aubrieta*) langsam verblüht sind, sollten sie nach der Blüte etwas zurückgeschnitten werden. Teilen Sie die Polster alle vier bis fünf Jahre. So werden sie weiterhin üppig wachsen und blühen. Rhododendren lassen sich nach der Blüte leicht durch Absenker vermehren. Haben die Obstgehölze reichlich Früchte angesetzt, dann regulieren sie diesen Behang von selbst, indem sie einige

unreife Früchte abstoßen. Das geschieht auch dann, wenn die Bäume gut mit Nährstoffen und Wasser versorgt sind. Hängen anschließend immer noch zu viele Früchte an den Zweigen, dann pflücken Sie die kleinsten ab.

So erkennen Sie den Frühherbst:

Herbstzeitlose (*Colchicum autumnale*): Die Blüte markiert den Anfang des Frühherbstes. Holunder (*Sambucus nigra*): Zu Beginn der Jahreszeit reifen die Früchte. Haselnuss (*Corylus avellana*): Die ersten Früchte reifen zu Beginn dieser Jahreszeit. Apfel (*Malus*): Die Fruchtreife setzt am Anfang des Frühherbstes ein. Sanddorn (*Hippophae rhamnoides*): Am Ende der Jahreszeit beginnen die Früchte zu reifen. Kornelkirsche (*Cornus mas*): Die Früchte reifen am Ende des Jahresabschnitts.

Das ist jetzt zu tun:
Die Larven des Dickmaulrüsslers sind noch aktiv und fressen an den Wurzeln diverser Gehölze. Solange die Bodentemperatur über 15 °C liegt, können diese mit Nematoden bekämpft werden. Wassertriebe von Obstbäumen können ausgeschnitten werden. Kompost und Mist in dünner Schicht auf abgeräumten Beeten einarbeiten. Der Kompost darf dabei auch halb reif sein. Rhabarber, Zuckerhut, Endivien und Wintersalat können jetzt gepflanzt werden. Nicht vergessen, den Winterlauch anzuhäufeln, um lange helle Stangen zu erhalten. Auch Spätkohlarten werden angehäufelt.

So erkennen Sie den Vollherbst:

Rosskastanie (*Aesculus hippocastanum*): Die Fruchtreife beginnt am Anfang des Vollherbstes. Walnuss (*Juglans regia*): Zu Beginn der Jahreszeit reifen die Früchte. Rotbuche (*Fagus sylvatica*): Die Laubverfärbung setzt mit Beginn der Jahreszeit ein. Herbstaster (*Aster*): Am Beginn des Vollherbstes setzt die Blütezeit ein. Rosskastanie (*Aesculus hippocastanum*): Die Laubverfärbung markiert das Ende des Vollherbstes. Wilder Wein (*Parthenocissus*): Die Laubverfärbung beginnt am Ende des Vollherbstes.

Das ist jetzt zu tun:
Dahlien, Canna und Knollenbegonien werden nun ausgegraben und in Sand oder Sägespänen trocken gelagert. Niemals in der Sonne trocknen lassen. Die dicken Wurzeln und Knollen bekommen Sonnenbrand. Alle Zitrusbäumchen nun zum Haus stellen, damit bei Regen die Erde nicht zu nass wird. Staunässe verursacht den Blattfall von grünen Blättern, vor allem dann im Winterquartier. Empfindliche Kübelpflanzen sind längst im Winterquartier. Bitte auf Schädlinge kontrollieren. Blattläuse und Weiße Fliegen breiten sich oft explosionsartig aus. Schmierseifenwasser oder Biospritzmittel anwenden.

So erkennen Sie den Spätherbst:

Esche (*Fraxinus excelsior*): Die Laubverfärbung markiert den Anfang des Spätherbstes. Lärche (*Larix decidua*): Färbung und Nadelfall zeigen den Beginn an. Rosskastanie (*Aesculus hippocastanum*): Der Laubfall setzte am Anfang des Spätherbstes ein. Sommerlinde (*Tilia platyphyllos*): Mit dem Laubfall endet der Jahresabschnitt.

Das ist jetzt zu tun:
Das letzte Laub vom Rasen wegrechen und auf die Beete streuen – der beste Mulch, den es gibt. Laub auf keinen Fall auf dem Rasen liegen lassen, da es zu Krankheiten kommen kann. Hügelbeete werden jetzt angelegt.

Beete für den Winter vorbereiten: bei schwerem Boden umgraben, sonst nur lockern und mulchen. Die Rinde der Obstbäume kann abgebürstet und mit einem Schutzanstrich gegen Frostrisse versehen werden. Chicoréewurzeln werden jetzt ausgegraben und zum Treiben eingelagert.

So erkennen Sie den Winter:

Wintergetreide: Am Anfang des Winters läuft das Wintergetreide auf. Zaubernuss (*Hamamelis*): Am Ende des Winters setzt die Blütezeit ein. Winterjasmin (*Jasminum nudiflorum*): Die Blüten erscheinen mit dem Ende des Winters. Schneerosen (*Helleborus niger*): Die Blüten öffnen sich am Ende der Jahreszeit.

Das ist jetzt zu tun:

Der Schnitt von Obst- und Ziergehölzen steht im Januar auf dem Programm. Ideal sind frostfreie Tage, an denen der Boden aber nicht zu nass ist. Zur Schere greifen sollten – besonders bei den Obstbäumen – aber nur diejenigen, die schon einmal einen Kurs besucht haben. Siedler- und Gartenbauvereine bieten nun zahlreiche Schnittkurse an.

Die Äste immergrüner Sträucher können unter zu großer Schneelast brechen, daher nach Schneefällen die weiße Pracht mit Besen oder Rechen abschütteln. Generell lassen sich bruchgefährdete Sommersträucher schützen, indem man die gesamte Krone mit einem dünnen Seil locker zusammenbindet.

Website und Literaturtipps

Meine Homepage

www.biogaertner.at
Mit weit über 300.000 Besuchern ist diese Seite mittlerweile ein idealer Tummelplatz für Pflanzenliebhaber! Einen Rundgang durch den Garten finden Sie hier ebenso wie aktuelle Tipps und einen Frage-Briefkasten. Allerdings bitte ich um Verständnis, wenn manchmal die Beantwortung länger dauert – pro Tag kommen oft 40 bis 50 Fragen!

Garten im Fernsehen

ORF-Gartensendung „Natur im Garten" – in der Gartensaison am Sonntag, ca. 16.00 Uhr, ORF2. Wiederholungen auch auf 3sat – meist Samstagnachmittag.
www.naturimgarten.at

„Meine" ganz persönlichen Bezugsquellen

Staudengärtnerei und Baumschule Praskac
www.praskac.at
Kein Gehölzwunsch bleibt hier offen, hervorragender Katalog!

Staudengärtnerei Dieter Gaissmayer
www.gaissmayer.de
Wer Stauden liebt, der muss nach Illertissen kommen. Ein Treffpunkt ist die alljährliche Illertisser Gartenlust.

Staudengärtnerei Feldweber
www.feldweber.com
Ein Hotspot in der österreichischen Gartenszene ist Ort im Innkreis. Den Besuch gleich mit der nahe gelegenen Gärtnerei „Sarastro" verbinden.

Stauden Sarastro
www.sarastro-stauden.com
Hier sind Gartenlust und Pflanzenleidenschaft vereint. Christian Kress ist ein wandelndes Staudenlexikon. Unbedingt mit einem Besuch bei „Feldweber" verbinden.

Rosenhof Schultheis
www.rosenhof-schultheis.de
Alte, ganz alte und uralte Rosensorten – die findet man hier. Neben viel Information. Dazu der Seniorchef, der an Liebenswürdigkeit kaum zu übertreffen ist. Und sein Sohn, der in seine Fußstapfen tritt.

Staudengärtnerei Alpine Raritäten Jürgen Peters
www.alpine-peters.de
Sammler treffen sich hier – und finden Leberblümchen, Veilchen, Cyclamen und vieles mehr. Hier gilt: Hinschauen ist ein Muss!

Für Zitrus-Liebhaber
www.ceron.at
Michael Ceron betreibt in Faak am See in Kärnten die einzige Bio-Zitrusgärtnerei Europas und hat eine gewaltige Auswahl.

Große und kleine Sorgen beim Pflanzenschutz

www.neudorff.de
Hier ist großteils bio im Programm. Einer der ersten Pflanzenschutzmittelhersteller, der schon vor Jahren auf natürliche Schädlings- und Krankheitsbekämpfung setzte. Neben sanften Spritzmitteln auch Nützlingsversand – allerdings nur über den Fachhandel.

www.umweltpionier.com
Der einzige Dünger, den man sogar essen könnte. Aus rein biologischen Zutaten hergestellt. Gibt es in flüssiger Form und als Pulver.

www.homeogarden.com
Große Palette an biologischen Produkten zur Pflanzenpflege, Stärkung und Düngung. Interessant vor allem die homöopathischen Produkte zur Schädlingsabwehr.

www.oscorna.de
Biologische Düngemittel gehören in dieser Firma seit mehr als 70 Jahren zum Hauptgeschäft – „animalin" ist noch immer der problemloseste Naturdünger, den es gibt.

www.biohelp.at
Nicht nur eine ideale Seite zum Erkennen der Schädlinge, sondern auch gleich die Möglichkeit, Nützlinge zu bestellen.

www.florissa.at
Ein Newcomer unter den Dünge- und Pflanzenschutzherstellern – viele biologische Dünger und Erden.

www.scotts.at
Nicht alles auf dieser Seite ist bio, aber immer mehr setzen Scotts und Celaflor auf naturgemäßes Garteln. Viele Bilder von Schädlingen.

Bücher von Karl Ploberger

Der Gartenflüsterer (BLV, 2017). Ein ewiger Kalender, der im Takt der Natur mit vielen Tipps durchs Gartenjahr führt. Dazu gibt es unterhaltsame Geschichten zum Nachdenken rund um den Garten.

Einfach natürlich Gärtnern (BLV, 2014). Kurz und bündig das Wichtigste für alle, die gern biologisch gärtnern wollen.

Der Garten für intelligente Faule (avBuch, 2016). Der Grundkurs fürs biologische Gärtnern mit einem phänologischen Kalender, der für alle Klimazonen passt.

365 Gartenfragen & Antworten für intelligente Faule (avBuch, 2015). Einige Hundert Tipps wurden hier von Hörern und Sehern gesammelt. Eine Fundgrube für kreatives, naturnahes Gärtnern.

Ein Garten voller Lebensfreude und Ernteglück (DVA, 2013). Das Porträt des Gartens von Karl Ploberger im oberösterreichischen Salzkammergut. Herrliche Bilder von Ursel Borstell zeigen den Garten im Jahreslauf.

Grafik © shutterstock.com/Irene Romanova

Impressum

CADMOS im CADMOS Verlag

Titelgestaltung und Layout: agenturhaus.com
Satz: DAS AGENTURHAUS, München
Hintergrundbilder Inhalt: „Gartenwissen“: shutterstock.com; „Tipp von Mama“: shutterstock.com/Art Stocker;
Abbildungen Post-It: shutterstock.com/Lyudmyla Kharlamova
Lektorat: Christine Weidenweber

Druck: AV+Astoria Druckzentrum GmbH, Bad Vöslau, www.av-astoria.at

Deutsche Nationalbibliothek – CIP-Einheitsaufnahme
Die Deutsche Nationalbibliothek verzeichnet diese Publikation in der Deutschen Nationalbibliografie; detaillierte bibliografische Daten sind im Internet über http://dnb.ddb.de abrufbar.

Printed in Austria

ISBN: 978-3-8404-7564-1